Les perles du curé

Éditions Artège
10, rue Mercœur – 75011 Paris
9, espace Méditerranée – 66000 Perpignan

www.editionsartege.fr.

ISBN : 979-10-336-0893-6
EAN Epub : 9791033609087

Bruno Delaroche

LES PERLES DU CURÉ

Le best-of des blagues cathos

ARTÈGE

Avant-propos

Le pape François, à l'état-civil Jorge María Bergoglio, avait déjà raconté l'histoire au Vatican, en septembre 2013, devant les responsables du Congrès juif mondial (WJC). Il l'a reprise le 28 octobre 2015 en recevant en audience privée six des plus hauts responsables juifs avant l'audience interreligieuse organisée pour le 50e anniversaire de la Déclaration du Concile Vatican II *Nostra aetate*. Nous la connaissons grâce au témoignage de l'un des six, Claudio Epelman, argentin comme Jorge Bergoglio et ami de longue date. Pendant la rencontre, le pape a rapporté à la manière des rabbins l'anecdote suivante :

« C'est l'histoire d'un prêtre profondément antisémite. À une messe du dimanche, il entame son homélie en attaquant violemment les juifs. Soudain, l'église tremble, le prêche s'interrompt… Jésus descend de la croix. Se tournant vers Marie, il dit : "Viens, maman. On ne veut pas de nous ici". »

L'histoire nous rappelle que, aux heures sombres en France où, jusque dans les milieux sociaux les plus éduqués et qui s'affichaient les plus catholiques pratiquants du monde, au temps de l'affaire Dreyfus, il était de bon ton de s'afficher antisémite et antijuif, l'écrivain Léon Bloy, converti à l'âge adulte à la foi chrétienne, allait avec délectation choquer ces bien-pensants dans les salons parisiens en leur lançant : « Saviez-vous que le Christ était juif ?…. Et sa mère aussi ? » Mais aujourd'hui encore, et en France également, Jésus de Nazareth n'est toujours pas connu de catholiques « bon teint » quant à son identité humaine profonde, comme en témoigne l'anecdote qu'on pourra lire plus loin, que m'a rapportée un évêque ami qui en fut le témoin direct : cette pieuse paroissienne à qui il rappelait que Jésus était juif, ce qui la choqua visiblement puisque, après avoir hoqueté de surprise (« oui, peut-être... »), elle riposta : « ...Mais il est mort en chrétien ! »

La foi et le rire, la foi et l'humour... Une histoire compliquée, difficile. La foi est communément identifiée au sérieux parce que les convictions religieuses affirment porter la vérité et que celle-ci serait par principe la plus sérieuse des choses. Aussi, dans une logique strictement binaire, le rire a été de tout temps stigmatisé comme une atteinte au sérieux de la vérité révélée.

Grosse nuance cependant : le contexte historique et géographique. De ce côté-ci du Rhin, sauf depuis une ou deux décennies, on trouvera bien peu de littérature produite par des catholiques français qui contienne des histoires drôles de et sur l'Église et ses membres. Mais outre-Rhin fleurit depuis longtemps une abondante production, et même une tradition soigneusement entretenue par auteurs et éditeurs, tant catholiques que protestants, les uns et les autres publiant d'ailleurs des blagues les uns sur les autres, et qui sont joyeusement reçues par les deux publics et au-delà.

C'est d'ailleurs grâce à ma découverte de l'Allemagne « catho », dans une paroisse décontractée de Dortmund que j'ai servie un an et où s'était perpétuée la bonne humeur franciscaine de ses fondateurs, que j'ai vraiment fait mes classes de rire comme chrétien et que l'idée a peu à peu germé en moi de collecter des histoires drôles en ce domaine. J'en ai glané dans bien des publications du pays comme *Der klerikale Witz* (*L'humour clérical*), la Bible du genre. C'est avant tout à ces sources que j'ai bu de quoi rire vraiment « à se tordre », comme aurait dit Alphonse Allais. Car ma fréquentation de bulletins paroissiaux de France qui réservent un peu d'espace à l'humour m'a rarement dilaté la rate, leurs rubriques s'intitulant souvent sagement « amusons-nous » ou « rions un peu ». Il se publie d'ailleurs de nos jours, dans le milieu « catho » de gros livres d'humour bien tempéré sur l'Église, certaines histoires étant au besoin suivies d'une pieuse morale. N'y a-t-il pas là trace d'un viscéral réflexe de garder la face dans un pays où l'affrontement entre croyants et non croyants est loin d'avoir disparu ?

L'humour et le rire de bon cœur m'ont accompagné depuis ma jeunesse. Un de mes frères et moi avons à deux mains commis un petit livre au temps jadis où nous étions étudiants : *Votez pour nous, pauvres pêcheurs* où, entre autres personnages, j'évoquais (prophétiquement pour moi ?) la figure d'un curé de campagne ralliant comme il pouvait ses multiples clochers dans une guimbarde qui l'obligeait à être aussi mécanicien. Plus tard, séminariste, c'est-à-dire apprenti prêtre, j'ai retiré beaucoup de bonheur à créer et alimenter avec d'autres locataires du Séminaire français de Rome une feuille de chou interne riche en jeux de mots évoquant nos maîtres ès humour : *D'ac pour une vraie dévossion.* Le second degré détendait l'atmosphère dans la vénérable institution où un rien d'idéologie pouvait mettre le feu aux poudres. Qu'on en juge par cette anecdote. J'appris à mon arrivée que des séminaristes s'étaient fendus d'une lettre envoyée à la Sacrée (!) Congrégation pour le culte divin pour demander à ses fonctionnaires quelle était la position réglementaire de la main, de l'avant-bras et du bras (droit) que devaient observer les prêtres concélébrant une messe au moment d'invoquer l'Esprit Saint sur le pain et le vin…

De là, trente et une années d'exercice d'un ministère de prêtre vicaire puis curé de paroisses m'ont conduit à ne jamais oublier dans une périodique *Lettre de nos paroisses* la page récréative avec son indispensable voisine, la rubrique « la recette de M. le Curé », comme savaient le faire nos aînés, tel mon prédécesseur des années 1960-1990 à la cure sarthoise de Connerré (comme il est placardé aux entrées de la commune : « berceau des rillettes », autrement dit l'enfance du lard !). Il en va dans les deux cas de la santé de mes ouailles comme de moi-même : entretenir un rire purgatif et libérateur en tout. N'oublions pas en effet le double sens de l'adjectif « spirituel », tant il est vrai qu'il faut bien un temps pour tout : un pour la solennité des rites mais aussi un pour s'en reposer et prendre le bon recul. Un de mes maîtres parmi mes frères prêtres est ici le

Romain saint Philippe Néri, qui pouvait se plonger dans la prière jusqu'à l'extase et, le lendemain, organiser avec les gamins des rues un défilé carnavalesque de faux cardinaux qui faisait bien plus mouche sur les vrais qu'un sermon moralisateur.

On me dira peut-être : Philippe Néri, oui, et d'autres chrétiens encore, comme Thomas More, mais le Christ? Jésus a-t-il ri? On n'en a aucune trace dans les Évangiles, où il apparaît tout au contraire sérieux, grave, voire sévère. Mais nous oublions le contexte historique. L'Antiquité méditerranéenne et orientale a développé toute une sagesse qui consiste à fuir les passions, à contrôler les émotions. Or le rire nous échappe, il fuse, c'est plus fort que nous : nous éclatons de rire. Et puis il est ambivalent : l'humour est une arme redoutable pour faire du mal à autrui. Si Jésus est le Fils de Dieu, qui jugera les hommes à la fin des temps, comment se le représenter plaisantant, voire éclatant de rire? Il reste pourtant que, si le rire est bien le propre de l'homme, selon le philosophe chrétien Boèce, repris par le joyeux François Rabelais, et que le Christ a réellement été homme, il ne peut pas, sauf à s'être dénaturé, ne pas avoir expérimenté sans malice le rire et l'humour, riant d'un bon rire pétri de bonne humeur.

Cela n'est pas écrit en toutes lettres et ne pouvait pas l'être tel quel, mais cela transparaît, je le pense, dans certaines scènes évangéliques, une surtout. Alors qu'avec ses disciples, Jésus a quitté pour un temps le territoire d'Israël, une femme non juive lui réclame la guérison de sa fille. Il lui répond gravement : « Il n'est pas bien de prendre le pain des enfants », c'est-à-dire des fils du Peuple élu, « et de le jeter aux petits chiens », c'est-à-dire les autres peuples. Mais elle ne se laisse pas décourager : « Les petits chiens mangent bien les miettes qui tombent de la table des petits enfants ». « Grande est ta foi ! » répond Jésus, qui a sans doute tout bonnement éclaté de rire devant tant de persévérance et assure alors la femme que sa fille vient de guérir (rapporté par st Matthieu, 15, 22-28). Merci donc à Yves Guézou d'avoir accepté d'illustrer le présent ouvrage. Je partage en effet son opinion : « Je suis convaincu que Jésus Christ riait beaucoup », lui qui ajoute : « L'humour et la joie sont la respiration de la foi ». Cette conviction ne porte donc pas sur un fait plausible, mais pour ainsi dire indispensable. En effet, l'adage chrétien dit bien que tout ce qui n'a pas été assumé par Dieu (dans son incarnation) n'est pas sauvé par lui. Or le Christ a eu la foi et exercé une vie de foi, sinon nous ne pouvons pas l'imiter sur ce plan. De même donc il a ri et fait rire pour que nous apprenions de lui comment, en riant, faire respirer notre foi.

Au début du ve siècle, l'évêque Augustin d'Hippone écrivant à un catéchiste pour adultes, de ces adultes qui, de nos jours aussi, frappent nombreux à la porte de l'église pour devenir chrétiens, lui recommande ceci : « Rappelle-toi que nous sommes bien mieux écoutés lorsque nous prenons nous-mêmes plaisir à l'ouvrage : le fil de notre parole est marqué de notre joie personnelle… Le souci principal concerne les moyens à mettre en œuvre pour que chaque catéchiste travaille dans la joie… car « Dieu aime qui donne avec bonne humeur » (1 Co 9, 7)… Il faut ranimer l'attention en disant une plaisanterie de bon aloi » (*La première catéchèse* 2, 4 ; 13, 19). Le mot familier de saint Augustin est « hilaritas », qui récapitule en lui la joie, l'entrain et l'humour.

Les histoires qu'on lira plus loin ont été rapportées précisément dans ce triple but. Elles m'ont fait bien du bien, j'espère qu'elles en feront tout autant aux lecteurs et lectrices. « Perles » comme on parle de joyeuses et savoureuses bourdes ou boutades, mais aussi parce que, quand il est de bon ton de faire grise mine, le rire devient précieux comme les perles. Elles abordent toutes sortes de sujets plus ou moins familiers aux habitants de notre pays, qu'on le veuille ou non encore marqué par 2000 ans de christianisme. « Perles du curé », elles sont bien plus largement des perles de l'Église, leur sujet de prédilection (car Dieu l'a voulu ainsi), l'Église dont il est sain(t) de nous rappeler ce qu'en disait Jacques Maritain : « distinguer en elle la personne… et le personnel » ! Ces perles, je les ai trouvées dans des recueils que je mentionnais plus haut, mais aussi recueillies de la bouche de toutes catégories de frères et sœurs chrétiens : pères et mères de famille, enfants et jeunes, prêtres, religieux et religieuses, évêques aussi car il en est qui rient de bon cœur… Dieu merci !

Bruno Delaroche

1

La Bible dans tous ses états

MONSEIGNEUR, ÇA NE VA PAS DU TOUT ! COMMENT SE FAIT-IL QU'ON A MIS AU-DESSUS DE LA CRÈCHE UNE ÉTOILE À SIX BRANCHES ?
C'EST UN SIGNE JUIF, ÇA N'A RIEN À VOIR AVEC NOTRE RELIGION !
MAIS, MADAME, COMME VOUS LE SAVEZ, JÉSUS ÉTAIT JUIF...
SANS DOUTE, MAIS, MAIS ... IL EST MORT EN CHRÉTIEN !!!...
GUÉZOU

À L'AMBON

Perles plus ou moins véridiques de proclamateurs de textes bibliques pendant des messes :

« Lecture du livre du poète Isaïe… » (pour : du prophète…)
« Lecture du livre du prophète Mickey… » (pour : Michée)
« Lecture du livre de Ben Chirac le Sage… » (pour : Ben Sira)
« Lecture de l'épaule de saint Pitre… » (pour : épître de saint Paul)
« Lecture du Livre de l'Eucalyptus… » (pour : Apocalypse)
voire, mais très improbable, l'acclamation d'ouverture des oraisons de messes, au lieu de « prions le Seigneur » :
« Saignons le prieur » !

BIBLE

Un vieux prêtre, fatigué de lire en public à la messe depuis cinquante ans les mêmes textes bibliques, commence ainsi : « Je devais vous faire aujourd'hui la lecture de l'épître de saint Paul aux Corinthiens, mais j'ai pris beaucoup de retard, alors je ne pourrai vous en lire que la fin : "Veuillez agréer, chers Corinthiens, l'expression de mes sentiments distingués". Amen. »

Véridique

Dimanche 19 octobre 2008, accueillant à la messe la chorale allemande d'Esens, la paroisse catholique de Connerré (diocèse du Mans) a fait en sorte que les textes bibliques soient proclamés dans les deux langues (l'Évangile) ou bien transcrits sur une feuille dans une langue quand ils étaient proclamés dans l'autre. Le psaume (149) fut chanté en **français** :

Chantez au Seigneur un chant nouveau,
Chantez au Seigneur, terre entière !
Chantez au Seigneur, bénissez son nom !

Proclamez son salut de jour en jour !
Néant, tous les dieux des nations,
Mais le Seigneur, lui, a fait le ciel.

Donnez au Seigneur, familles des peuples,
Donnez au Seigneur louange et gloire !
Donnez au Seigneur la gloire de son nom.
Apportez votre offrande, entrez dans ses parvis.

Dites parmi les nations : le Seigneur est roi !

Le texte **allemand** correspondant est :

Singet dem Herrn ein neues Lied,
Singt dem Herrn, alle Länder der Erde !
Singt dem Herrn und preist seinen Namen !

Verkündet sein Heil von Tag zu Tag !
Alle Götter der Heiden sind nichtig,
der Herr aber hat den Himmel geschaffen.

Bringt dar dem Herrn, ihr Stämme der Völker,
bringt dar dem Herrn Lob und Ehre !
Bringt dar dem Herrn die Ehre seines Namens,
spendet Opfergaben und tretet ein in sein Heiligtum !

Verkündet bei den Völkern : der Herr ist König !

Mais, ayant eu la curiosité de solliciter de l'ordinateur une traduction assistée de l'allemand en français, voici ce que le curé français a découvert (sic !) :

Chante au monsieur une nouvelle chanson,
Chante tous les pays de la terre au monsieur!
Chante au monsieur et fait l'éloge de son nom!

Annoncé son bien-être de jour à jour!
Tous les dieux des bruyères sont futiles,
Le monsieur a toutefois créé le ciel.

Apporte-lui les troncs des peuples, au monsieur,
Et l'honneur apporte à monsieur Lob!
L'honneur de son nom apporte au monsieur
Donne des cadeaux de victimes et faites un pas dans son Heiligtum!

Annoncé pour les peuples : le monsieur est roi!

Au bas de la page il est quand même prudemment écrit que cette traduction « est fournie à titre indicatif et ne constitue en aucun cas une traduction complète et fidèle » (!)

Véridique

Cet exégète français renommé que fut le P. Charles PERROT était coutumier d'étourderies non moins renommées. C'est ainsi que, jeune prêtre assurant un remplacement dans une paroisse de son diocèse (Moulins), il fut victime de sa tête dans la lune lors d'une séance de « caté ».
« Les enfants, connaissez-vous cette parabole : le Bon Samaritain? Non? C'est une très belle histoire racontée par Jésus. Alors je vous la raconte à mon tour...
Donc, c'est un bon samaritain qui, sur la route de Jérusalem à Jéricho, avait été attaqué par des bandits, qui lui ont tout volé et laissé comme mort au bord de la route.

Passe alors un prêtre du Temple, qui voit le pauvre samaritain, mais s'en écarte et va plus loin son chemin.
Passe ensuite un lévite qui… l'évite aussi, ce bon samaritain.
Arrive enfin un… un… un troisième homme qui, lui, a eu pitié du bon samaritain, qui l'a soigné et tout et tout. Enfin, voilà, voilà l'histoire. Au revoir, les enfants ! »

Une femme se rend dans une librairie et demande :
« Je voudrais un livre pour une personne malade.
- Pour une personne malade ?....
Que diriez-vous d'une Bible ?
- Oh non, la situation n'est pas si grave ! »

Variante :

- Pourriez-vous me conseiller un livre
à offrir à une personne malade ?
- Ça dépend. Faut-il quelque chose de religieux
ou bien la personne est-elle en voie
de rétablissement ?

« Papa, papa, peux-tu me dire qui était Hamlet ?
Le père, absorbé par la lecture de son journal, répond au petit garçon :
- Bien sûr que je le sais, mais c'est à toi d'apprendre, va prendre la Bible et regarde bien dedans… »

Noé vient d'achever de construire son arche, y a fait entrer les animaux et effectue une ultime inspection des lieux.
Puis il va retrouver sa femme dans la cuisine. Il est visiblement inquiet.
« Dis-moi, nous avions bien fait entrer deux oies dans l'arche ?
Comment se fait-il que je n'en compte qu'une ?
- Chéri, enfin, où as-tu la tête ?
Tu ne te souviens donc plus que nous venons de fêter Noël ? »

Un médecin ne cachait pas devant un prêtre son profond scepticisme devant l'affirmation de la Bible selon laquelle les hommes de l'époque de Noé auraient vécu des centaines d'années.
« On ne me fera pas croire, à moi, médecin, que Mathusalem a pu réussir à vivre 900 ans !
À quoi le prêtre répliqua :
- Eh bien moi, si, je peux sans problème m'imaginer que c'est vrai, à cette époque-là où il n'y avait pas de médecins... »

Adam et Ève, les premiers humains de l'histoire,
se promènent dans le Paradis.
Ève (suppliante) :
« Adam, tu m'aimes?
Adam (grincheux) :
- Et qui d'autre, à part toi? »

La bibliothèque vaticane renferme deux trésors qui sont deux records du monde : deux Bibles, l'une qui est le plus gros exemplaire, l'autre le plus petit. Un guide aurait ainsi commenté la chose aux visiteurs des lieux :
- La plus grosse bible contient et rapporte tout ce qu'Ève a dit à Adam, la plus petite tout ce qu'Adam a dit à Ève. »

Au théâtre on joue *Samson et Dalila*. Deux amis s'entretiennent de leurs impressions à la sortie de la salle.
« Fantastique, fantastique ! s'extasie le premier. On dira ce qu'on voudra, mais grâce au théâtre la Bible est bien plus captivante que quand on la lit ou qu'on l'entend raconter à l'église. Ici, vraiment, c'est excitant, on en a plein la vue !
– À ce compte-là, répond l'autre, si je peux te refiler un bon tuyau, ne loupe surtout pas la prochaine représentation qu'ils vont donner ici dans un mois. Ils vont jouer *Salomé* et, là, tu pourras encore plus te rincer l'œil ! »

Bible et Archéologie

La Compagnie de Jésus (en français courant : les jésuites !) a envoyé en Terre Sainte pour une campagne de fouilles un jeune jésuite formé à l'archéologie. Or quelques mois après son arrivée, il téléphone au supérieur général (qu'on appelle plus simplement : le Général !) :

« Je ne me permettrais pas, bien entendu, de vous déranger si je n'avais eu à vous communiquer une nouvelle de la plus haute importance. J'ai fait une énorme découverte !

- À ce point ?

- Oh oui ! Et qui bouleverse totalement les choses, j'en suis absolument certain !

- Écoutez, en ce cas, préparez un rapport écrit et revenez au plus vite. Il est préférable que vous me racontiez tout en privé.

De fait, une semaine plus tard, le jeune archéologue arrive de Jérusalem à Rome, au siège de la Compagnie et est introduit dans le bureau personnel du Général.

- Eh bien, cette grande nouvelle ?

- Mon Père, j'ai effectué une fouille minutieuse dans un secteur proche du Golgotha, où se trouvent plusieurs tombes juives du premier siècle. Or, l'une d'elles contient diverses preuves qu'il s'agit là de la tombe de Jésus lui-même.

- Vraiment ?

- Tout à fait. Nous avons enfin pu localiser précisément le tombeau où fut déposée la dépouille du Christ après qu'elle eut été descendue de la croix. Je suis catégorique et certain : tout concorde absolument en faveur de cette identification.

Le Général, aux anges :

- C'est merveilleux, alléluia ! Merci, mon Dieu ! Ah ! Quelle joie pour toute l'Église, quel honneur aussi pour la Compagnie ! Toutes mes félicitations, cher frère : vous êtes la gloire de tous les jésuites, le dessert de mes vieux jours, le ...

- Hum !.... l'interrompt son jeune confrère, soudain très gêné. Il y a cependant un... un grave problème, que ma conscience m'oblige à vous communiquer...
- Et lequel ?
- Eh bien... c'est que... Il y a un os !
- Comment ça, un os ?
- À vrai dire, il y en a même plein. Voilà, autant que je vous lâche tout : la tombe n'était pas vide !
- Pas vide ? Vous voulez dire que... ?
- Eh oui, c'est la stricte vérité : dans cette tombe qui est sûrement celle de Jésus, il y avait tout son squelette, ce qui, évidemment, va à l'encontre de notre foi chrétienne selon laquelle le Christ est ressuscité.
Le supérieur général des jésuites, livide, catastrophé, se prend la tête à deux mains :
- Mon Dieu, mon Dieu, mais c'est épouvantable, ce que vous me rapportez là ! Si le Christ n'est pas ressuscité, toute notre espérance dans la résurrection des morts s'effondre... et l'Église a trompé tout le monde depuis le début ! Mon Dieu, mon Dieu !....
Se tournant alors vers son confrère et le regardant droit dans les yeux :
- Surtout, ne dites rien à personne de ce que vous venez de me confier ! Vous m'entendez bien ? À personne au monde, je vous l'ordonne ! Mon Dieu, mon Dieu !....
Puis, après avoir tourné en rond plusieurs fois dans la pièce sans plus rien dire, son agitation s'apaise peu à peu, son visage reprend des couleurs, une lueur anime soudain son regard et il lâche :
- Il y a quand même là-dedans une bonne nouvelle, une très bonne nouvelle même, vous en conviendrez : ainsi donc, Jésus, ce fameux Jésus de Nazareth qui a tant fait couler d'encre depuis deux mille ans, c'est bien sûr à présent, il a donc *réellement* existé !! »

Extraits non publiés des Évangiles :

Jésus donne cette consigne à ses Apôtres :
« Venez tous après-demain sur la montagne, chacun avec un morceau de rocher. »
Bien obéissant à leur maître comme il convient, ils arrivent donc tous, chacun avec une lourde pierre malgré son poids. Enfin tous sauf un. Car Simon-Pierre le bien nommé s'est dit en lui-même : « Un morceau de rocher, un morceau de rocher! Jésus n'a pas précisé sa taille, alors autant ne pas trop me charger… » Et il a grimpé allégrement la montagne grâce au fait qu'il n'a pris sur lui qu'un bout de caillou.
Une fois tous réunis, Jésus leur donne un bel enseignement puis dit :
« À présent qu'il est midi, vous devez avoir faim. Alors, présentez votre morceau de rocher, et je vais prier notre Père du Ciel qu'il fasse de chacun un bon et gros pain. »
Et sa prière fut exaucée, la transformation proportionnée à la taille de la pierre apportée. Or, comme en ce temps-là, les disciples de Jésus n'avaient pas encore appris le partage, Simon-Pierre en fut réduit à grignoter un tout petit bout de pain.
Aussi, quand Jésus prit congé en leur disant :
À demain, même lieu, même heure et chacun encore avec un morceau de rocher! »
… Ça ne tomba pas dans l'oreille d'un sourd! Simon-Pierre remplit son sac à dos d'un authentique quartier de roche et accepta d'avance le sacrifice que ça allait lui coûter. Au prix d'une ascension harassante où il crut dix fois mourir d'épuisement, il parvint bon dernier en haut de la montagne, où tous les autres durent l'attendre longtemps.
« Tout le monde est là, ça y est? demanda Jésus.
– Tout le monde, même Pierre…
– Alors c'est parfait! Asseyez-vous sur votre pierre : j'ai quelque chose à vous dire… »

Joseph d'Arimathie est assis chez lui quand arrive sa femme.
« Qu'est-ce que tu as ? lui demande-t-elle.
Il balance la tête de droite à gauche.
- Allez, va, dis-moi tout !
- C'est que... comme tu sais... nous avons besoin d'argent...
- Oui, je sais. Et alors ?
- Eh bien, alors, j'ai mis en location notre tombe familiale.
- Tu as quoi ??
- Je sais ! Mais nous avons besoin d'argent !
- Mais, la tombe familiale ? Comment as-tu pu... ?
- T'inquiète, trésor : c'est juste pour trois jours ! »

VIE DE JÉSUS

Deux jésuites se trouvent à Bethléem
devant la crèche.
Après avoir longuement examiné la scène,
ils s'avancent et l'un d'eux va trouver Joseph
et Marie en leur glissant discrètement :
« Confiez-nous le petit : nous en ferons quelqu'un !
L'autre a entendu et le rappelle à lui, très fâché.
Désignant Joseph et Marie :
- Ils sont trop pauvres... »

Deux jésuites (les mêmes ou bien d'autres) sont devant la crèche et examinent attentivement la scène, suivant en cela les recommandations de leur fondateur, Ignace de Loyola, dans ses célèbres *Exercices spirituels*. En regardant de près l'âne et le bœuf, ils s'interrogent mutuellement du regard, jusqu'à ce que saint Joseph leur lance :
« C'est sans doute ça qu'on appelle la compagnie de Jésus ! »

À Nazareth, un soir vers la fin du dîner dans la maison où vivent Joseph, Marie et Jésus. Un moment la conversation s'arrête et il y a un grand silence.
« Tiens, dit Marie, un ange passe...
Alors Joseph tape du poing sur la table :
– Ah non ! Ça va pas recommencer ! »

Un soir d'hiver, maman sollicite son petit garçon :
« P'tit Jean, sois gentil, va chercher le balai
qui est resté au fond de la cour.
- Mais il fait déjà sombre, maman,
et j'ai peur d'aller tout seul au fond de la cour.
- N'aie pas peur, puisque tu sais bien que Jésus est partout !
Tu ne seras pas seul.
- C'est vrai de vrai ? Il est partout ? Il est aussi au fond de la cour ?
- Bien sûr, mon chéri.
Alors le petit Jean d'ouvrir la porte de la cour et de crier :
- Jésus, puisque t'es au fond de la cour, sois gentil
de nous ramener le balai, tu veux bien ? »

Un homme est décédé et se retrouve à la porte du Ciel.
Saint Pierre lui demande son nom mais l'autre, interloqué,
ne sait quoi répondre. Il est très âgé et sa mémoire lui fait défaut.
Saint Pierre insiste :
« Comment t'appelles-tu donc ?
- Je ne m'en souviens plus.
- Dis-moi un prénom qui te dise quelque chose... Jean ?.... Robert ?....
Marcel ?....
- Je ne sais pas, vraiment, aucun souvenir, aucun souvenir...
- Mais au moins tu te rappelles ce que tu faisais sur terre ?
- Aucune idée. Oui, je travaillais, c'est sûr. Pas la terre, non.
Pt'êt'bien le bois, un atelier de menuiserie ou quelque chose
de ce genre...

À la fin, ne voyant pas comment s'en sortir et où diriger le vieillard, saint Pierre va trouver Jésus pour qu'il l'aide dans sa recherche sur son identité. Jésus le fait venir devant lui, l'invite à s'asseoir et entreprend de l'interroger :
- Dis-moi, l'ancien, qui es-tu ? Qui était ta femme ?
- Peuh... qui elle était ? Une femme pieuse, si je m'en souviens. Oui, c'était bien ma femme même si nous ne faisions pas chambre commune. Sinon... je ne sais pas...
- Avez-vous eu des enfants ?
- Oui, un garçon, mais... c'était un type original, pas comme les autres, oh non, indépendant, et puis ça n'était pas vraiment mon fils... pour le reste, je ne me souviens plus...
Jésus reste un moment perplexe, puis il scrute le visage du petit vieux, son visage s'illumine soudain et il se jette dans ses bras :
- Papa !
- Pinocchio ! »

Véridique

Envolée lyrique d'un évêque français
du XIXe siècle :
« Jésus Christ non seulement est le Fils de Dieu
mais encore, du côté de sa mère,
d'une excellente famille... »

Véridique

« Ah ! Notre Seigneur... Toujours gai... toujours le verre à la main ! »
R.P. Raymond Bruckberger, dominicain (1907-1998)

Une délégation de la congrégation de Schönstadt (bien connue pour sa vénération de la Vierge Marie) rend visite à la Mère de Dieu à Bethléem. Après lui avoir tenu un long et savant exposé sur la mariologie d'hier, aujourd'hui et demain, ils prennent congé. Mais sur le pas de la porte l'un des visiteurs se retourne soudain et demande :
« Ah oui ! Encore une question : l'enfant est à vous ? »

La messe du mariage avait été joyeuse et belle, très animée aussi puisque, pendant un chant, des participants avaient esquissé quelques pas de danse devant l'autel. Cela provoqua la colère d'un participant qui, sitôt la célébration achevée, alla se plaindre au prêtre de ce qui lui apparaissait comme une conduite indécente, voire sacrilège dans une église, près du tabernacle où sont conservées les hosties consacrées.
Le prêtre essaya de le raisonner :
« Jésus notre Seigneur, comme vous le savez, a participé à des célébrations joyeuses, un mariage justement, à Cana, où l'on a mangé et bu, mais aussi dansé, assurément...
- Certes, certes, mais... à Cana il n'y avait pas la Présence réelle ! »

Une famille bien chrétienne joue aux devinettes bibliques. Muriel [5 ans] tire le papier « fuite en Égypte » et doit la représenter par un dessin. Elle dessine d'abord un avion, puis quatre personnages assis à l'intérieur.
« Quatre personnes ? Qui c'est ?
- Eh ben, ce sont les passagers : Marie, Joseph, le petit Jésus...
- Et le quatrième ?
- Ben... Ponce Pil*o*te. »

MOTS

Les Dix commandements de Dieu tiennent en 273 mots. La déclaration d'indépendance des États-Unis d'Amérique tient en 300. Mais l'ordonnance de la Communauté européenne relative à l'importation des caramels mous comporte exactement 25 911 mots.

2

Au caté

PIERROT, RÉCITE-NOUS LA LISTE DES PÉCHÉS CAPITAUX.
EUH ... L'ORGUEIL ...
BON... ET LE DEUXIÈME ?
... ??...
L'AVAR ... L'AVAR...?...
LA VARICELLE, M'DAME !!
GUÉZOU

SIGNE DE CROIX

Perle d'enfant : « Au nom du Père
et du Fils et ça m'suffit ! »

LES ENFANTS ET LA BIBLE

« Adam et Ève ont été virés du paradis parce qu'ils avaient mangé du serpent. »

Lors d'une séance de « caté », la catéchiste a raconté aux enfants ce qui arriva à Absalom, fils du roi David, qui s'était révolté contre son père ; comment il fut surpris et tué par les soldats de celui-ci parce que sa longue chevelure s'était prise dans les branches d'un arbre.
« Que devons retenir comme leçon de cette histoire ?
- Qu'il faut toujours aller souvent chez le coiffeur. »

« Quelle est la dernière partie de la Bible ? interroge une catéchiste.
Toto lève la main aussitôt :
– La dernière page de couverture ! »

CRÉATION

M. le curé expose aux enfants les merveilles de la création divine à partir du récit biblique tiré du livre de la Genèse.
Lyrique, il en vient à la création de l'homme et de la femme :
« Comme c'est magnifique, n'est-ce pas ? Alors que Dieu a décidé de lui-même la création de tout l'univers : le soleil, la lune, les astres, la mer et les rivières, les montagnes, les vallées, les fleurs, les animaux, quand il en vient à l'être humain et pour lui seulement Dieu dit : "Faisons l'homme à notre image et à notre ressemblance." Et c'est ainsi que le Bon Dieu lui-même nous a créés !

Un enfant lève alors la main :
- Vous dites ça, mais mon père n'est pas du tout d'accord avec la Bible. Il m'a bien expliqué que nous descendons du singe...
- Petit, vos histoires de famille ne nous intéressent pas. »

Les enfants et le Bon Dieu

« Puisque le Bon Dieu est tout Amour au point qu'il s'est fait homme, mort pour nous sur une croix, ressuscité le troisième jour, où est-il pour l'éternité ? demande la catéchiste aux enfants
- Le Bon Dieu est au Paradis, répond Remi.
- Le Bon Dieu est dans mon cœur, répond Marianne.
- Non, non, rectifie Toto, le Bon Dieu, il est dans notre salle de bains !
- Comment ça, Toto ??
- Ben oui car tous les matins, quand il va pour prendre sa douche, mon père tape dans la porte de la salle de bains où maman fait sa toilette en criant : "Bon Dieu, t'es encore là !" »

« Que devez-vous faire pour vous faire pardonner vos péchés ? demande la catéchiste.
– Commencer par pécher. »

La catéchiste : « Que doit-on faire pour aller au Ciel ? »
Un enfant, du tac au tac : « Mourir ! »

Les enfants ont parlé de la prière et, avec l'aide de leur catéchiste, passé en revue toutes les occasions de prier, y compris à la maison. On en vient à évoquer la prière avant de passer à table (le « *benedicite* »).
« Ainsi, chez toi, Pierrot, que dit papa juste avant le repas ?
- Papa, il dit : "Attaquons !" »

Au catéchisme, M. le Curé demande aux enfants :
« Que fait un bon chrétien à son réveil ?
Toto lève aussitôt la main :
– Moi, je sais, moi, je sais !
– Que fait-il à son réveil ?
– Il le remonte ! »

Toto rentre de sa rencontre de « caté »
Maman l'interroge.
« De quoi votre catéchiste
vous a parlé cette fois-ci ?
- Du péché.
- Ah oui ? Et qu'est-ce qu'elle en a dit ?
- Elle est contre. »

Les enfants et Jésus

« Chère madame, nous sommes désolés, mais votre fils n'est pas encore en mesure de faire sa première communion. Il n'écoute pas ou ne retient rien. Tenez, par exemple, interrogé la semaine dernière, il a dit qu'il ne savait même pas quand Jésus est mort !
– Mais c'est pas sa faute, M. le curé : faut dire que, nous-mêmes, on savait pas qu'il avait été malade ! »
(autre version : – Faut dire que depuis un mois la télé est en panne !)

Perle du caté :
« Le temps a commencé
avec la naissance de Jésus,
donc en l'an zéro. »

Idem : « Les parents de Jésus se sont déguisés en âne et en bœuf pour se cacher du méchant roi Hérode. »

Idem : « Les rois mages voyageaient en étoile filante
pour pouvoir filer vite offrir des cadeaux au petit Jésus »
Idem : « Les trois rois mages s'appelaient Remus et Romulus. »

Idem :
« Comment s'appelaient les trois rois mages, Toto ?
- Ben... En fait, ils étaient quatre...
- Comment ça, quatre ?
- Ben oui : il y avait Gaspar, Melchior, Balthasar... et pis Fanny ! »

Idem : « Jésus est le premier homme préhistorique qui ne descendait plus du singe. »

La catéchiste pose la question :
« Qu'a fait saint Joseph quand il s'est aperçu avec la Vierge Marie sa femme qu'ils avaient perdu le petit Jésus [en fait resté au temple à Jérusalem] ?
Réponse de tous les enfants :
- Il est aussitôt allé à l'église mettre un cierge à saint Antoine ! »

« Qu'est-ce qu'a fait Jésus quand il a eu douze ans ?
– Il a été malade.
– Comment ça, malade ? Où as-tu pris ça ?
– Ben oui, vous nous avez dit vous-même qu'il est resté trois jours avec les Docteurs de la Loi ! »

Sujet de la catéchèse d'aujourd'hui : « Jésus marche sur les eaux ».
La prochaine fois : « A la recherche de Jésus ».

La catéchiste interroge les enfants :
« Qu'est-ce qu'ont dit les jeunes mariés après que Jésus,
à leurs noces, a eu changé l'eau en vin ?
– Celui-là, faudra le réinviter souvent ! »

Perle du caté : « Les Romains ont sacrifié Jésus sans même lui laisser le temps d'aller à l'église. »

Autre perle : « Jésus crie et mord sur la croix. »

Véridique

« Les enfants, pouvez-vous citer une parole de Jésus que vous connaissez par cœur ?
- Oui, moi ! s'écrie Alexandre, 11 ans. « Jésus prit le pain, le bénit, le rompit et le donna à ses disciples en disant : 'Prenez-en douze...' »

M. le Curé se plaint auprès du papa du petit Toto.
« Je suis très déçu parce qu'au caté il n'écoute pas ce qu'on lui dit et n'apprend pas ses leçons.
Nous avons pourtant expliqué aux enfants des tas de choses sur l'Évangile. Eh bien quand sa catéchiste a demandé qui étaient les quatre évangélistes, vous savez ce que Toto a répondu ?
"Tintin et Milou" !
À quoi le père répond :
- Soyez encore heureux qu'il ait su vous en donner deux sur quatre ! »

Les enfants et le « Je crois en Dieu »

Le « Credo » vu par un enfant, qui récitait :
«Je crois en Dieu, qui perd tous les ans»...
suivi de :
«et en Jésus, son Prisunic»

Comment un ado avait compris un article du « Credo » :
Au lieu de « il a pris chair de la Vierge Marie », il avait compris :
« Il a pris cher de la Vierge Marie », en demandant à ses potes :
« Qu'est-ce que le petit Jésus a bien pu faire comme c......
pour se faire punir si grave par sa mère ? »

Autres perles :

Géographique : « et en Jésus Christ (...) crucifié en dessous de Pilate ».

Sans pitié : « crucifié sous c'c... de Pilate ».

Bien parisienne : « Descendu à Jussieu et monté à Denfert ».

Corse ? : « Il est descendu sans s'en faire ».

Pacifiste : « Je crois (...) à la rémission des fessées ».

LES ENFANTS ET LES SACREMENTS

Les catéchistes font passer un examen de révision
aux futurs communiants.
« Qu'a dit le Seigneur en instituant le sacrement du baptême ?
- Il a dit : "Je te baptise au nom du Père du Fils
et du Saint-Esprit."
- Très bien ! Et toi, qu'a t-il dit pour l'eucharistie ?
- Il a dit : "Prenez et mangez, ceci est mon corps,
ceci est mon sang", répond le deuxième enfant.
- Parfait ! Et toi, qu'a dit le Seigneur en instituant le sacrement
du mariage ?
- Heu... Heu... Ah oui ! C'est quand il a dit :
"Mon Dieu, pardonnez-leur,
car ils ne savent pas ce qu'ils font" »...

Abbé Pierre

Perle du « caté ».
« L'abbé Pierre est l'inventeur
de la misère humaine. »

Questions-réponses

« Quelle leçon devons-nous tirer de la parabole des ouvriers de la vigne et de l'identique salaire perçu par les ouvriers ayant commencé de vendanger dès la première heure et les ouvriers de la onzième ?
– Qu'on ne devrait jamais partir si tôt au travail ! »

La catéchiste compte parler aujourd'hui de la prière du soir.
Pour y faire venir les enfants, elle interroge l'un d'eux :
« Que font tes parents le soir ?
- Ils prennent leur dîner.
- Et après ?
- Mon père boit sa bière et lit le journal, ma mère fait la vaisselle.
- Et après, que font-ils ?
- Après ? Eh ben ils vont au lit.
- Et après ?
- Après, après ? Vous trouvez que c'est une question
à poser à des enfants ? »

Question d'une catéchiste aux enfants de son équipe :
« Et qu'est-ce qui arrive quand vous brisez
un des dix commandements ?
Grand silence, puis Toto lâche :
- Ben, ça fait qu'il en reste encore neuf ! »

Deux enfants de deux paroisses voisines parlent entre eux de leurs prêtres respectifs
« Notre M. le Curé est quelqu'un qui prie beaucoup, beaucoup, même qu'il parle à Dieu lui-même !
- Qu'est-ce que tu racontes là ? Il peut pas parler directement à Dieu !
- Bien sûr que si ! Tu crois quand même pas que Dieu parlerait à un menteur ? »

Papa est très mécontent de son fils. Il le prend entre quatre yeux :
« Toto, ça ne va pas du tout au caté. J'ai rencontré M. le curé.
Il m'a dit qu'il désespère de t'apprendre quelque chose.
- Pas possible ! répond benoîtement le gamin.
Pourtant il a l'air instruit... »

La catéchiste évoque la fin du monde :
« Il y aura des tremblements de terre, des ouragans, terribles, les toits s'envoleront, la mer submergera les côtes, le soleil s'obscurcira et un tiers des étoiles tombera du ciel...
Alors un des enfants du caté lève la main.
- Euh... et avec un tel temps de cochon, aurons-nous encore des séances de caté ? »

La catéchiste :
« Qui peut nous dire ce que c'est que le cycle liturgique ?
Toto, trépignant sur son banc, lève le doigt.
– Je sais, je sais ! C'est le vélo de M. le curé. »

Le petit Vincent en avait assez d'être le seul enfant à la maison.
Il avait demandé une petite sœur pour Noël. Et il l'a eue.
« Alors, tu es content ? lui dit sa catéchiste d'Éveil à la foi [pour les 4-7 ans] quand il annonce la nouvelle.
– Nan
– Pourquoi ?
– C'est toujours maman qui joue avec ! »

Le même Toto a dû être très vexé de se faire réprimander pour ses mauvaises notes au caté car, un jour qu'il croise le nouveau vicaire et que celui-ci, qui ne connaît pas bien encore le quartier, lui demande la direction de la supérette, il lui répond, l'air renfrogné :
« Je le sais, je le sais, mais je le dirai pas.
– Tu n'es vraiment pas gentil, dit le vicaire et, si tu continues comme ça, tu n'iras pas au Ciel.
– ... et toi pas à la supérette ! »

Comment faire comprendre aux enfants la notion d'éternité divine ? Une catéchiste choisit de procéder ainsi :
« Dieu était déjà là quand vivaient nos parents et avant eux nos grands-parents et encore avant eux nos arrières grands-parents. Et il sera toujours là quand vos petits-enfants puis vos arrière-petits-enfants seront morts depuis longtemps. Alors, comment pourrait-on appeler cette vie de Dieu ?
Grand silence perplexe, puis le jeune Paul se lance :
– Sacrément coriace ! »

Leçon ancienne de « caté » sur l'Annonciation faite à Marie :
« Imaginez-vous : la Vierge Marie est dans sa maison à Nazareth. Soudain la porte d'entrée s'ouvre et alors s'avance, avec ses deux grandes ailes blanches...
– Je sais, je sais ! s'écrie un enfant. C'était la cigogne. »

Autres mots d'enfants

Véridique

Lors d'une veillée pascale où le Christ ressuscité avait été copieusement acclamé tandis que, au début de la messe, qui se déroulait comme chaque année dehors autour du feu allumé sur la place, le ciel était zébré d'éclairs, un petit enfant, ravi, commenta ainsi le tout :
« Zésus électricité ! »

Véridique

Mot d'enfant expliquant à ses petits frères et sœurs ce qu'il en était désormais de leur grand-père qui venait de mourir :
« Bon Papa, il est au ciel mais... i peut pas atterrir... »

Un petit garçon dans une église n'arrête pas
de se balancer sur sa chaise.
« Arrête tout de suite, lui lance sa mère,
le petit Jésus va te voir.
– Comment ça ? Il est où ?
– Il est au ciel, d'où il voit tout.
– Alors, t'inquiète pas : le plafond me cache. »

Noël

Véridique

Dialogue de deux petits enfants :
Nathan : « Moi, à Noël, ze voudrais un poisson rouze ».
Enzo (petit frère de Nathan, pas encore baptisé) :
« et moi, ze voudrais une marraine ! »

Noël approche. Pierrot fait sa prière du soir :
« Petit Jésus, petit Jésus, donne-moi un beau vélo ! crie-t-il
– Ne crie pas si fort, lui dit sa maman. Tu sais, Jésus t'entend bien.
– Oui, mais pas Grand-Père, qui est tellement sourd. »

Perles du caté :
« Le petit Jésus est né dans une crêpe. »
« Jésus est né dès l'âge de 33 ans. »

Un enfant avait visiblement mal compris
le texte du vieux cantique
puisque au lieu de chanter comme tout le monde :
« Il est né, le divin Enfant,
jouez, hautbois, résonnez, musettes »
Il claironnait :
« Il est né, le divin Enfant,
j'irais au bois réveiller Suzette ! »

3

Crises de foi

AYEZ TOUJOURS FOI EN DIEU, TOUJOURS, QUOI QUE VOUS DISENT VOS CATÉCHISTES ET VOS AUMÔNIERS !
GUÉZOU

S.O.S. !

Le capitaine du navire pris dans une tempête
appelle l'aumônier et lui lance :
« Maintenant, mon Père, il ne reste plus qu'à prier ! »
L'aumônier, blanc comme un linge :
« Ah ! Parce qu'on en est déjà là ?? »

ANTICLÉRICALISME ET ATHÉISME

Véridique

Dans une paroisse de campagne, Saint-Germain-du-Val, au diocèse du Mans, son curé avait montré à un visiteur qu'il savait anticlérical une particularité intrigante sur un mur du presbytère :
le fait que des os se trouvaient inclus dans la maçonnerie, dont on voyait apparaître les têtes.
« Ah ! déclara le visiteur, mais c'est vrai qu'autrefois les chrétiens étaient anthropophages.
À quoi le prêtre répliqua :
- ... ce qui ne vous empêche pas aujourd'hui de bouffer du curé ! »

Devant la cathédrale saint-Patrick de New-York le propriétaire d'une grosse usine de pâte dentifrice rencontre fortuitement l'évêque et lui déclare sans ambages :
« Le christianisme, en deux mille ans, n'est arrivé à rien : ça prêche et ça re-prêche mais tout ce que les gens veulent, c'est de l'argent et une belle vie. Les humains ne sont en rien devenus meilleurs. »
L'évêque désigne alors un passant qui est en train de causer avec un autre et rit à gorge déployée, laissant apparaître une dentition visiblement sale. Puis il prend la parole :
« La pâte dentifrice n'a rien réussi. Il y a encore de par le monde

un manque d'hygiène buccale et des humains
avec des dents non entretenues.
- La pâte dentifrice, contre-attaque le fabriquant,
n'est utile que si l'on s'en sert.
- Eh bien, justement, réplique l'évêque avec un grand sourire,
pareil pour le christianisme ! »

Un jour, l'humoriste et comédien Francis BLANCHE (1921-1974) invita le curé de la commune où il avait une résidence secondaire à venir y prendre le thé. Le curé arrive, s'assied et entame une conversation. Mme Blanche intervient alors :
« Francis, regarde ce que tu as fait. Oui, tu sers le thé, tu donnes des gâteaux, le sucre... mais tu ne mets pas les serviettes sur la table...
Alors, Francis Blanche, très grave :
– Ma chérie, devant M. le curé, on ne met jamais de serviettes !
– Et pourquoi donc ?
– Mais parce que ce sont des serviettes *à thé* ! »

APPARITIONS ET MIRACLES

Comme chacun sait, Youri Gagarine fut le premier homme à être sorti dans l'espace intersidéral. À son heureux retour sur terre dans son pays, l'URSS à l'époque, le chef de l'État soviétique, Nikita Kroutchev le reçoit en audience privée et, très agité, lui pose cette question :
« Dis-moi franchement, camarade Gagarine, tout là-haut... as-tu vu... Dieu ?
- Oui, oui, je l'ai vu.
Kroutchev, catastrophé :
- Ah, voilà bien ce que je craignais par-dessus tout. Je t'en supplie, camarade ! Au nom du matérialisme dialectique et pour l'honneur du Parti communiste, pas un mot de ça à qui que ce soit ! »

Et Gagarine promet. Puis il entame une tournée mondiale triomphale qui le conduit notamment à Rome. Il y obtient une audience auprès du pape. Au cours de l'entretien, celui-ci à son tour lâche avidement la même question :
« Dis-moi franchement, mon fils, tout là-haut... as-tu vu... Dieu ?
Gagarine baisse la tête et la secoue de gauche à droite :
- Non, non, je ne l'ai pas vu.
Le pape prend alors une mine pensive et, se parlant à lui-même :
« Ah, voilà ce que je redoutais... »
Puis, se tournant vers l'astronaute :
- Je t'en supplie, mon fils : pas un mot là-dessus à qui que ce soit ! »

« Je peux bien vous le dire, M. le Curé, ma nièce est une vraie miraculée. Seul un miracle l'a sauvée d'une mort affreuse. Elle devait prendre un avion pour New-York, mais comme elle s'est disputée avec le chauffeur de taxi qui la conduisait à l'aéroport, elle a manqué le vol. Vous avez sûrement appris la tragédie de cette catastrophe aérienne : aucun survivant ! N'est-ce pas un signe évident de la Providence divine ?
- Miracle, miracle, mon cher ami, c'est à voir : moi, je ne connais pas du tout votre nièce... »

Pour donner à l'humanité une seconde chance de salut, le Père éternel lui envoie à nouveau son Fils, qui redescend donc sur terre. Cette fois encore, afin de s'adapter à notre époque moderne, Jésus ouvre un cabinet médical. Le premier jour, assis dans la salle d'attente, tous les patients se demandent entre eux comment sera le nouveau médecin qui vient de s'installer.
Enfin, Jésus ouvre la porte et lance :
« Au premier !
Entre un homme en fauteuil roulant qui lui explique :
– Docteur, je souffre d'un mal de gorge très pénible qui...
Mais Jésus l'interrompt :
– Mais vous ne pouvez pas marcher !

– C'est vrai, répond le patient, je suis paralysé depuis mon enfance mais… comme je disais… ce picotement à la gorge…
– Lève-toi et marche !
– Mais je…
– Silence ! Comme je te l'ai dit, lève-toi et marche !
Alors, incroyablement, le paralysé se dresse sur ses pieds, se tient droit debout, salue Jésus puis sort.
Les autres, en le voyant repasser devant eux, lui demandent :
– Alors, comment il est, le nouveau toubib ?
– Bah !…. Comme tous les autres. Il ne m'a même pas examiné ! »

M. le curé s'est lancé dans un vibrant sermon sur la prière, la prière persévérante, la puissance de la prière qui peut tout obtenir au croyant comme guérisons, et achève ce long prêche par une longue prière pour les malades. Après quoi on voit soudain une femme surgir des derniers bancs et s'écrier : « Je peux marcher maintenant ! Tout le monde se tourne vers elle, ébahi, y compris le prêtre, émerveillé de cette preuve de la puissance de la prière. C'est alors que la femme se rassied aussi vite qu'elle s'était levée et lance :
- Oui, M. le Curé, vous avez tellement traîné en longueur que mon dernier bus est passé et que je vais être réduite à marcher pour rentrer chez moi ! »

Jésus, le pape et un théologien brillant intellectuel sont dans un bateau sur le lac de Tibériade. Mais la tempête arrive, le vent soulève la mer, les vagues menacent. Jésus quitte alors le bateau et marche sur les eaux comme si de rien n'était.
À son tour le théologien,
qui marche aussi paisiblement sur la mer.

À la fin, comme l'embarcation prend l'eau de toutes parts, le pape se résout à la quitter, mais prend peur et commence à s'enfoncer. Jésus lui attrape alors le bras et dit au théologien :
« On est vache : on aurait pu lui dire où sont les pierres...
Alors le théologien tout étonné :
- Quelles pierres ? »

CATHOLIQUES, PROTESTANTS, ORTHODOXES

L'épouse d'un pasteur curé de campagne vient de décéder. Il est totalement abattu de chagrin et se sent hors d'état de faire son sermon du dimanche qui vient. Mais pour ne pas priver ses paroissiens de l'office dominical, il envoie à son évêque le télégramme suivant : « Ma femme décédée hier. Demande remplacement pour ce week-end. »

Raconté par... des catholiques :
Un pasteur protestant américain en vacances en Europe fait la connaissance de deux Espagnols qui ne lui cachent pas qu'ils sont totalement athées, étant tous les deux anarchistes avec la devise « ni Dieu ni maître ». Il essaie alors par tous les moyens du discours de les convertir à sa foi.
« Inutile de vous fatiguer, finit par lui dire l'un des deux. On ne va pas se mettre à vous croire, alors qu'on ne croit déjà pas à la vraie religion ! »

Attribué aux protestants par les catholiques et réciproquement, bien sûr, mais totalement inventé, espérons-le du moins :
« Jim, demande l'épicier à son commis, as-tu ajouté l'eau dans le lait ?
– Oui, patron.
– As-tu ajouté un peu de plâtre au sucre ?
– Oui, patron.

– As-tu mis dans le whisky l'alcool que Tom a fabriqué hier ?
– Oui, patron.
– Parfait, alors viens avec nous dire la prière du soir… »

Deux petits enfants allemands, garçon et fille, vont se baigner dans le ruisseau. Une fois déshabillés, la petite fille avise, pensive, le petit garçon et lui demande :
« Dis-moi, qu'est-ce que tu es au juste : catholique ou protestant ?
- Catholique.
Alors la fillette toute éberluée :
- J'aurais jamais cru qu'il y avait une telle différence ! »

Deux frères de la très catholique ville de Munich se rencontrent.
« J'ai fait la connaissance d'une femme, nous comptons nous marier, même si elle est protestante.
Son frère s'indigne :
- Tu ne vas pas faire ça ? Si tu le faisais, sûr, notre père se retournerait dans sa tombe.
- Si ça n'est que ça, trouve-toi toi aussi une protestante, comme ça il se retrouverait dans le bon sens ! »

Le pope[1] Ivan Souflovitch devant se rendre de Leslivograd à Krasskofiev, s'en alla voir le charretier Boukablovitch qui, moyennant vingt roubles, consentit à faire le voyage.
On se mit en route dans l'allégresse la plus totale.
Mais à la première côte, le charretier dit humblement :
« Petit père, mon cheval, mon vieux Ztronov, est rhumatisant. Permets-moi de descendre et de marcher à ses côtés !

1. Ici, prêtre de l'Église orthodoxe russe

- J'y consens volontiers, mon fils ! dit le pope
Ainsi fut franchie la côte de Majiskaïa. »

À l'approche de la deuxième côte, le charretier dit :
« La route est longue, épargnons la bête. Descendons
et montons à pied pour encourager le noble animal.
Tout alla ainsi bien. Mais au moment d'affronter la troisième côte :
- Pauvre Ztronov, il est mort de fatigue.
Il faut qu'il s'assoie dans la carriole. Vous m'aiderez bien à tirer ?
Ainsi fut fait. Enfin, la ville de Krasskofiev apparut avec ses toitures
multicolores perchées au sommet du col de Metbozoko.
- Diable ! Mon bon Ztronov se met à ruer. C'est qu'il déteste
la solitude. Mon Père, je dois monter lui tenir compagnie
dans la voiture !
- Mais...
- La prière vous donnera sûrement la force de tirer la carriole
jusqu'en haut !
Alors le pope à bout de nerfs se laissa tomber par terre et hurla :
- Que j'aie eu besoin d'aller à Krasskofiev, d'accord !
Que je t'aie engagé et loué ta carriole, passe encore !
Mais, par tous les saints du Ciel, je te conjure de me dire :
pourquoi ce cheval a-t-il insisté pour venir avec nous ? »

COMMANDEMENTS

Lors d'une journée de formation diocésaine sur le thème
« lois divines, lois humaines », l'évêque s'adresse aux participants :
« Vous connaissez, je présume, les Dix commandements...
Approbation générale
– Ceci dit, dans le détail, révisons un peu entre nous.
Par exemple, quel est le septième commandement ?

Une réponse fuse :
– Vous ne volerez pas
– Bravo. Plus exactement : "*Tu* ne voleras pas."
– Excusez-moi, je ne savais pas que je devais te tutoyer. »

Consultations

Un homme va trouver M. le curé.
« Comme vous le savez, je suis déjà père de famille nombreuse. Pouvez-vous donc m'indiquer un moyen contraceptif autorisé par l'Église ?
– Pas de problème : boire de la limonade.
– Ah bon ? Et… avant… ou après ?
– Non. À la place… »

Dieu existe-t-il ?

En Pologne, avant la chute du Rideau de fer, quand le café manquait. Conversation :
« Cette nuit, j'ai fait un rêve inouï : je voyais un immense tas de café : il était haut ! Le café était bien torréfié ! Ça sentait bon ! Et au-dessus, il y avait le Bon Dieu !
– Mais tu es fou : Dieu n'existe pas !
– …Et le café ? »

Qui est Dieu ?

Un journaliste américain a eu la chance d'être reçu au Paradis et d'y obtenir des interviouves. Dès son retour, ses confrères se précipitent :
« Vous êtes *vraiment* allé au Paradis ?
– Oui.

– Vous avez été reçu par *Dieu lui-même* ?
– Oui.
– Vous *lui* avez parlé ?
– Oui.
– Vous *l'*avez *vraiment* vu ?
– Oui.
– Comment est-*il* donc ?
– She is a Negro ! »

Omniprésence de Dieu.

« Est-il bien vrai, Rabbi, que Dieu est partout ?
- Voyons, Moshé, tu ne penses tout de même pas
qu'il est dans un train le jour du Sabbat ! »

Véridique

Un athée militant déclara un jour au chanoine Kir, figure dijonnaise de prêtre haute en couleurs :
« Dieu n'existe pas ! La preuve : je ne l'ai jamais vu.
Réplique immédiate du chanoine :
- Et mon cul ? Tu l'as pas vu, et pourtant il existe ! »

Véridique

Perle d'un prêtre étranger de passage
dans une paroisse française et qui avait tenu
à faire le sermon :
« Jésus est né de la verge Marie. »

Véridique

Dans une copie de bac :
« Malheureusement,
Dieu est une personne
que personne n'a pu voir,
à part à l'époque du Christ. »

Don Camillo et Peppone

Un âne est mort juste devant l'église et, une semaine plus tard, le corps est toujours là.
Le prêtre décide d'appeler le maire :
« Monsieur le maire, j'ai un âne mort depuis une semaine devant la porte de mon église.
Le maire, grand adversaire du prêtre, lui rétorque :
– Mais, mon Père, n'est-ce pas au Seigneur qu'il appartient de s'occuper des morts ?
– En effet, dit le curé, mais il est de mon devoir de prévenir la famille ! »

Examens

Lors d'une épreuve orale en théologie, le séminariste candidat est interrogé sur la liste des différents empêchements juridiques au mariage. Il vient d'en citer plusieurs – consanguinité, disparité de culte, précédent lien matrimonial, meurtre de conjoint, mais ensuite, c'est le trou : plus moyen de se souvenir d'autres motifs d'empêchement. L'examinateur, un prêtre âgé du jury d'examen, essaie de le mettre sur la piste d'un motif d'empêchement – avoir été ordonné prêtre – en lui suggérant : « Pensez donc à moi ». Alors le candidat lance, radieux : « L'impuissance ! »

Composition française

Sujet : « Abordez de manière concise les trois domaines suivants : religion, sexualité, mystère. »
Une seule copie a reçu 20/20.
La voici : « Mon Dieu ! Je suis enceinte ! Mais de qui ?? »

Fatima (secrets)

Apparaissant à trois enfants dans cette commune du Portugal en 1917, la Vierge Marie leur déclara trois choses qu'ils devaient communiquer au pape comme un secret à ne divulguer par lui qu'au moment opportun. Deux de ces trois secrets ont été par la suite révélés par des papes. Mais le troisième est resté bien secret, comme s'il était totalement impensable de le dévoiler à la face du monde. Mais pourquoi ? Peut-être tout simplement parce que cette fameuse troisième parole de la Vierge aux enfants de Fatima serait … « Fermez Lourdes ! »

Foi

Écriteau suspendu bien en évidence
dans un café-restaurant :
« Nous n'avons foi qu'en Dieu.
La clientèle paie d'avance. »

Un prêtre prononce un sermon délicat. Le thème en est double : la faim dans le monde et le miracle de la multiplication des pains pour cinq cents personnes. Après la messe, un confrère lui signale une erreur : en réalité, ce sont cinq mille personnes que Jésus a nourries. Alors le réprimandé laisse éclater son dépit : « C'est déjà assez dur comme ça de faire croire le miracle à cinq cents gus ! »

Un novice jésuite avait entrepris, dans la bouillante ardeur de sa foi, de s'appliquer à obéir parfaitement à la recommandation de saint Paul : « Vous vous êtes dépouillés du vieil homme avec sa conduite » (Épître aux Colossiens 3,9), « revêtez-vous de l'homme nouveau, créé selon Dieu dans la justice et la sainteté conformes à la vérité » (Épître aux Éphésiens 4, 24). Au bout de quelques semaines d'exercices spirituels intenses, de prières forcenées et de charité intensive, il fut quasi convaincu qu'il avait atteint son but. C'est pourquoi il alla dans le jardin du noviciat planter une petite croix sur laquelle il inscrivit ces mots latins : « Hic iacet uetus homo » (« ci-gît le vieil homme »). Mais deux semaines ne s'étaient pas écoulées depuis qu'il ajouta sur la croix : « Et iam resurrexit ! » (« mais le voici déjà ressuscité ! »)

M. le curé de cette paroisse rurale est un homme profondément heureux. Bon vivant, il est entouré de paroissiens qui sont eux-mêmes de bons vivants, notamment en ce qui touche la nourriture, et l'invitent volontiers à manger. Une de ces bonnes tables est celle d'une fermière qui le reçoit aujourd'hui pour partager le café et une exquise tarte maison.

M. le curé félicite le cordon bleu mais aussi la pieuse et fervente paroissienne.

« Oui, Madame Michu, je ne peux que me réjouir de votre participation si fidèle aux offices et aux messes, me réjouir de votre obéissance aux enseignements de l'Église, et j'admire votre foi, oh oui, votre foi profonde et inébranlable !

Et la paroissienne d'acquiescer vigoureusement de la tête, quoique confuse devant ces louanges :

– Ah ça oui, pour sûr, M. le curé, pour sûr que je crois fermement, j'y crois de tout mon cœur. C'est bien simple, je vous le dis comme je le pense : je crois tout, que ce soit vrai ou pas vrai ! »

Véridique

Raconté par un évêque émérite qui, une fois à la retraite dans son diocèse natal, s'est mis à la disposition d'une paroisse. Un jour qu'il va baptiser un petit enfant, il constate dès son entrée dans l'église qu'il y règne un vacarme de paroles et de cris. N'ayant pas réussi à amener le calme par une tentative de répétition de chants, il prend à deux mains son courage et le micro portatif puis pique droit sur la maman : « Vous, la maman de ce futur petit baptisé, vous êtes bien sûr *croyante*? Aussitôt la maman s'empare de la feuille-guide de la célébration, y plonge un regard puis relève la tête et, crânement, lance à tue-tête :
- Je renonce! (sous-entendu : au mal, au péché, à Satan) »

C'était à l'époque où aux convictions personnelles s'ajoutaient fortement les convenances sociales. Un gros industriel est tombé amoureux d'une femme de la bonne bourgeoisie et désire l'épouser. Mais elle est catholique *et* pratiquante alors que lui n'est ni l'un ni l'autre! Elle est, de son côté, amoureuse de lui, mais lui dit bien clairement [et sa famille aussi le lui fait dire] qu'elle veut que leur mariage se déroule non seulement à la mairie, mais à l'église, et que leur amour ne peut être vrai et durable que s'il accepte d'adhérer à la foi chrétienne et de partager cette foi avec elle. Comme il est profondément amoureux d'elle et respectueux de ses convictions, il accepte de souscrire sans délai à celles-ci. « Qu'on me donne les formulaires nécessaires, je suis prêt à tout signer. La jeune femme et ses parents le préviennent cependant qu'il ne s'agit pas d'abord et seulement de signer, mais de s'instruire de la religion chrétienne pour pouvoir y adhérer librement. Il accepte donc des entretiens avec le prêtre de la paroisse de la fiancée. Après deux séances de "dégrossissement", lors de la troisième, le prêtre se risque à sonder les connaissances de Monsieur sur Dieu et la Trinité et il lui pose la question : "Savez-vous combien de personnes il y a en Dieu?"
Alors avec son plus beau sourire l'autre répond :
- Oh, autant que vous voulez! »

C'était au temps de la Guerre froide et du « Rideau de fer » qui faisait parler, à propos de l'Europe, de « Pays de l'Est ». On interroge en privé un diplomate polonais en poste dans une capitale de l'Ouest.
« Êtes-vous catholique ?
- Croyant, oui, mais non pratiquant.
- Ah, je vois. Vous êtes communiste.
- Pratiquant, oui, mais non croyant... »

Toujours à la même époque et dans ce qui s'appelait alors l'Union soviétique.
« Dieu merci, s'écrie une agricultrice salariée du kolkhoze local [entreprise agricole publique], il pleut enfin !
- Mais enfin, camarade, la réprimande sévèrement le chef du kolkhoze, tu sais bien que, Dieu merci, il n'y a pas de Dieu !
- Pour sûr, oui, camarade, mais... et s'il y en avait un ?.... à Dieu ne plaise, évidemment ! »

Une religieuse partie en voiture faire des courses pour la communauté de son monastère tombe en panne sèche, et en rase campagne qui plus est ! Et pas le moindre jerrican dans le véhicule... Mais elle finit par dénicher au fond du coffre un vieux pot de chambre ébréché qu'elle avait oublié de jeter à la déchetterie avec d'autres bricoles. Et la voici sur la route, qui atteint enfin une station-service, fait le plein d'essence dans son pot de chambre puis reprend joyeusement la route et, de retour à la voiture, se met à transvaser le précieux carburant tout en chantant à tue-tête. Un passant s'arrête, éberlué par le spectacle du pot de chambre contre le réservoir, et s'écrie :
« Ah ma sœur ! Si seulement je pouvais avoir votre foi ! »

L'histoire se serait passée pendant la Guerre de Sept Ans [1756-1763] qui ravagea une partie de l'Europe. Un des généraux des armées en présence était un grand sceptique, à un tel point qu'il doutait même

de son scepticisme. À la veille d'une bataille,
il aurait formulé cette prière :
« Mon Dieu - si du moins il y a un Dieu - protège mon âme,
si du moins j'en ai une... »

Foi... et martyre

« Comment va ta femme ?
demande Jean à son ami Bernard.
- Ah ! Pas bien du tout, c'est terrible.
À cause de sa foi elle endure un véritable martyre.
- Comment ça, à cause de sa foi ?
- Ben oui, laisse-moi t'expliquer.
Sa pointure, c'est le 39,
mais elle croit dur comme fer qu'elle peut marcher
avec des chaussures de pointure 36... »

Foi absolue

Dans un avion, l'hôtesse annonce au micro :
« Chers passagers, notre pilote demande si des fois
l'un d'entre vous serait un chrétien fervent ».
Le pasteur Müller n'hésite pas une seconde et lève la main aussitôt.
L'hôtesse s'approche de lui : « Vous avez vraiment une foi en Dieu
à toute épreuve ? »
- Absolument, absolument !
- C'est bien sûr ?
- Mais oui, mais oui !
- Bravo, parfait, ça tombe bien car nous avons un souci :
l'avion est en feu et il nous manque un parachute... ! »

Lourdes

Un type rencontre un jour dans la rue un de ses amis se déplaçant dans un fauteuil roulant.
« Ooh... J'en savais rien... mais qu'est-ce qu'il t'est arrivé, mon pauvre vieux?
– Rien du tout! Simplement, j'ai simulé un accident pour pouvoir toucher une grosse prime d'assurance!
– Mais t'es cinglé ou quoi? À présent, tu vas devoir rester cloué dans ce fauteuil jusqu'à la fin de tes jours!
– Mais non, mais non. Rassure-toi, c'est tout calculé : la semaine prochaine, je vais à Lourdes! »

Selon l'écrivain français catholique Léon Bloy (1846-1917), qui s'attristait du nombre modeste de pèlerins se rendant au sanctuaire de Notre-Dame de La Salette (ouvert après des apparitions mariales en 1846) :
« Le drame de La Salette, c'est Lourdes (apparitions en 1858)... »

Obéissance

Véridique

Petit dialogue entre un évêque français
et une dame patronnesse,
rapporté par le premier :
« Monseigneur, je suis toutes vos orientations!!!
- Oui, Madame. Vous me suivez là
où vous me conduisez... »

Un colloque international réunit des membres des congrégations religieuses catholiques sur le thème du vœu d'obéissance. La question est posée au représentant de la Compagnie de Jésus :
« Dans la mesure où votre Compagnie attache une très grande importance au vœu d'obéissance, comment faites-vous pour vous assurer que les membres restent fidèles à leur promesse ?
– En réalité, c'est très simple. Nos supérieurs nous demandent d'abord ce que nous aimerions faire et ensuite ils nous le donnent comme mission. Ainsi, nous n'avons jamais de problème avec l'obéissance.
Un congressiste insiste alors :
– Certes mais… n'arrive-t-il pas que, parmi vos confrères, certains ne savent pas au juste ce qu'ils aimeraient faire ? Et, en ce cas, qu'est-ce que vous en faites ?
– Très simple. Ceux-là, on les nomme supérieurs. »

Opération du Saint Esprit ?

Une mère de famille ayant constaté une excroissance anormale
sur le ventre de sa fille l'emmène chez le médecin.
Ce dernier n'y va pas par quatre chemins :
« Écoutez, Madame, c'est facile à comprendre :
votre fille est enceinte !
La dame est offusquée :
- C'est impossible : ma fille est très bien élevée
et jamais elle ne compromettrait l'honneur de notre famille !
Le médecin se lève, se retourne et par la fenêtre regarde longuement,
longuement l'horizon, ce qui met la mère hors d'elle.
- Mais enfin, allez-vous arrêter de regarder par cette fenêtre
et vous occuper enfin de nous ?
Le médecin se retourne alors très calmement :
- Mais je ne fais que ça, Madame !

La dernière fois qu'une chose pareille s'est produite,
une étoile est apparue dans le ciel
et trois rois mages sont venus tout expliquer. Je guette leur arrivée... »

PHILOSOPHIE, MÉTAPHYSIQUE ET THÉOLOGIE

La philosophie, c'est quand quelqu'un qui se trouve dans une pièce
dans le noir y cherche, les yeux bandés, un chat noir.
La métaphysique, c'est quand quelqu'un qui se trouve dans une pièce
dans le noir y cherche, les yeux bandés,
un chat noir qui ne s'y trouve pas du tout.
La théologie, c'est quand quelqu'un qui se trouve dans une pièce
dans le noir y cherche, les yeux bandés, un chat noir
qui ne s'y trouve pas du tout
et, soudain, s'écrie : « Je l'ai ! »

RÉSURRECTION

Un curé de paroisse et son sacristain
reviennent d'un repas de noces d'un pas lourd
car ils y ont mangé très copieusement
et bu sans se rationner.
Soudain le sacristain s'arrête et lance :
« M.le Curé, croyez-vous à la résurrection ?
- Sûrement pas avant trois heures de répit ! »

THÉOLOGIENS

Le célébrissime Professeur quadruple Docteur en théologie, philosophie, Droit canonique et sciences religieuses universelles Hubertus Cosinus van der Straaten a accouché d'un colossal ouvrage en cinq volumes, dont le titre résumé est :

Histoire et destinée des enseignants en écoles professionnelles végétariens convertis sur la base de Ex 33, 33 et à la lumière de l'expérience épectatique des Pères de l'Église grecque, arménienne, syro-malabar et syro-malankar.
Deux collègues de l'intéressé s'entretiennent entre eux à propos de la chose.
L'un d'eux donne cet avis péremptoire :
« Qui veut encore lire tout ça ? Même pas les trois ou quatre spécialistes du sujet disséminés à travers le monde…
Mais l'autre de répliquer :
– Minute, minute ! Ne disqualifiez pas les immenses mérites de van der Straaten ! Tout de même, enfin, Dieu sait à présent à quoi s'en tenir exactement sur ces questions si délicates ! »

4

Dieu, son personnel au Ciel...

... et le personnel au sol !

AS-TU DONC OUBLIÉ ? C'EST L'HEURE DE LA MESSE !
TROP FATIGUÉ. PÔ ENVIE ...
D'ABORD, C'EST DIMANCHE, LE JOUR DU SEIGNEUR !
...ET PUIS... QUOI D'AUTRE ?
... DOIS-JE VRAIMENT TE LE RAPPELER, MON CHÉRI ? TU ES L'ÉVÊQUE DU DIOCÈSE !
Toc!
Toc!
Toc!
GUÉZOU

Bon Dieu

Proverbe donné comme normand :
« Ne te fie pas à ton père.
Ne te fie pas à ta mère.
Ne te fie qu'au Bon Dieu... et encore ! »

Si vous appelez le Ciel, vous entendrez peut-être cet enregistrement au bout du fil : « Restez en ligne : un collaborateur de Dieu va vous répondre. Nous nous efforçons d'écourter votre attente au sol. »

Anges

Grand-mère vient, tout heureuse,
annoncer la nouvelle à Camille, 5 ans :
« Cette nuit, un ange t'a apporté un petit frère !
Veux-tu venir le voir ?
- Nan ! ... Ze veux voir l'anze. »

Véridique

Avis affiché dans les chambres d'hôtes d'une abbaye de France :

« De nombreux changements dans les horaires
(des offices) ont coutume de se produire...
Priez les anges gardiens des hôteliers
pour qu'ils pensent à vous en avertir ! »

La catéchiste raconte aux enfants l'histoire du songe de Jacob.
Juliette lève la main.
« Puisque c'étaient des anges que Jacob a vus en songe, et que les anges peuvent voler eux-mêmes grâce à leurs ailes, comme ça se fait qu'ils ont eu besoin d'utiliser une échelle pour monter?
Assez embarrassée pour répondre elle-même, la catéchiste propose aux enfants de chercher une réponse à la question de Juliette.
À peine une minute plus tard, Antoine lance tout joyeux :
- J'ai trouvé! Pour moi il n'y a qu'une explication :
ils changeaient de plumes, car ils étaient en train de muer. »

Deux anges sont assis côte à côte sur un nuage.
L'un demande :
« Comment se fait-il que vous êtes ici?
- Ah! dit l'autre, c'est assez bête, dans le fond. Je vous raconte :
j'étais en voiture, l'auto amorçait un virage long et serré
quand ma femme m'a dit :
"Chéri, laisse-moi tenir une seconde le volant, tu seras un ange!" »

Deux vieux potes qui ne s'étaient pas revus depuis longtemps,
se retrouvent au café autour d'un verre et se racontent leur vie :
« Si tu savais comme je suis heureux : ma femme est un vrai ange!
- T'en as de la chance, mon vieux, moi, la mienne vit encore! »

Avion

Un cardinal américain revient de Rome en avion.
« Un whisky? lui propose une hôtesse peu après le décollage.
– À quelle altitude sommes-nous?
– 3 000 mètres.
– Merci. Vous pouvez me servir un whisky. On the rocks, s'il vous plaît.

Peu après, il hèle l'hôtesse.
– À quelle altitude sommes-nous à présent ?
– 5 000 mètres.
– Bien, bien. Un autre whisky, je vous prie.
Quand, l'ayant bien siroté, il rend le verre à l'hôtesse, celle-ci lui demande :
– Encore un, éminence ?
– Quelle altitude maintenant ?
– 9 000 mètres.
– Alors, cette fois, non merci, Trop près du chef. »

Esprit Saint

Le pape a décidé de se faire une virée incognito à Venise.
Mais voilà qu'il tombe d'une gondole.
Un gondolier qui passait par là lui demande :
« Puis-je vous aider ?
Le pape lui répond :
- Non, le Saint-Esprit va me secourir à l'instant.
Mais il s'enfonce peu à peu dans l'eau, il en a jusqu'au cou.
C'est alors que repasse le gondolier qui demande à nouveau :
- Puis-je vous aider ?
Le pape lui répond à nouveau :
- Non, le Saint-Esprit va me secourir à l'instant.
Tout finit comme ça devait finir : le pape coule et se noie.
Comme le voici au Ciel, accueilli par le Saint-Esprit, le pape l'apostrophe :
- Quand on a besoin de toi, t'es pas là !
À quoi le Saint-Esprit lui répond, droit dans les yeux :
- Et qui crois-tu que c'était, le gondolier ? »

BONNES (DE CURÉ)

C'était au temps maintenant lointain où dans chaque presbytère une femme était employée pour les tâches ménagères, qu'on appelait la « gouvernante » ou « bonne » du prêtre résident. Beaucoup d'histoires, vraies ou fausses, légères ou pas, ont circulé, on le devine, sur ces « couples » peu banals, mais solidaires, au point qu'à un importun qui sonnait à la nuit tombée la gouvernante aurait répondu depuis une fenêtre de l'étage :
« M'sieur le curé et moi sommes au lit, n'confessions point à c't'heure! »

L'évêque vient en visite dans une paroisse et sonne au presbytère, le logement du curé. C'est une toute jeune femme qui lui ouvre la porte. En entrant dans la cuisine, il tombe sur une autre jolie fille qui est en train de faire du café. Puis arrive le prêtre, informé par la première des deux co-locatrices.
« M. le Curé, j'attends des explications! exige l'évêque
Passés alors tous les deux dans une pièce à l'écart, le prêtre dit :
- Monseigneur, je le sais bien, vous auriez voulu que j'aie une bonne d'âge canonique, selon le règlement, donc de 40 ans au moins. Mais voilà : j'ai eu beau chercher, je n'ai pas réussi à en trouver une. C'est ce qui fait que j'en ai deux de 21 ans. »

M. le curé est à table. Le repas a été préparé comme d'habitude par sa vieille bonne.
« Dieu du ciel, c'est pas possible! s'écrie-t-il en repoussant son assiette. Ce steak est immangeable, tellement il est dur!
- Pendant la guerre, vous auriez été bien heureux de vous en contenter... lui réplique sa servante.
- Oh certes oui! Il aurait été encore tendre! »

Un curé de ville se rend dans une animalerie. Il regarde de ci, de là, reste un moment au rayon « lapins », stationne aussi au rayon « cochons d'Inde » et atterrit pour finir devant les cages d'oiseaux de toutes sortes. Devant sa mine songeuse, un vendeur s'approche et s'enquiert très poliment :
« Que puis-je faire pour vous ?
– J'aimerais bien avoir un animal de compagnie pour ma bonne.
– Ah, vraiment désolé ! Nous ne faisons pas d'échanges d'articles… »

Chanoines

Rapportée comme véridique, cette définition définitive par son éminence Georges, cardinal Grente, archevêque-évêque du Mans et membre de l'Académie Française (1872-1959) :

« Les chanoines,
c'est une collection de vieux éteints… »

Un chanoine d'une étourdissante érudition
est sur le point de mourir. Comme dans un ultime
effort, il réussit à ouvrir grand les yeux,
on lui présente un crucifix.
« Première moitié du dix-septième siècle,
art campagnard, finition médiocre,
lâche-t-il avec une moue, puis expire. »

Curés de paroisses et vicaires

Le vicaire est habituellement un prêtre en début de « carrière » qui seconde le curé.

« Notre curé est comme le bon Dieu, dit un paroissien,
le dimanche, il est inaccessible,
et pendant la semaine il est invisible. »

Propos recueillis de la bouche d'un ancien recteur de la basilique de Montmartre, Mgr Maxime Charles [1908-1993].
Conseils d'un vieux curé à son jeune vicaire :
a] Monsieur l'Abbé, faites tout ce que vous voulez, mais pas sur la paroisse.
b] méfiez-vous des imbéciles.
c] méfiez-vous des femmes car elles justifient tout ce qu'elles osent ; elles font payer tout ce qu'elles donnent et, dans les bras d'un homme, elles pensent déjà au suivant.
d] aussi, Monsieur l'Abbé, quand vous écrivez à une femme, rédigez toujours votre lettre de façon à pouvoir la retrouver deux jours après entre les mains de votre Vicaire Général.

Un enfant demande à sa mère :
« Dis, maman, pourquoi elle est si grosse, Madame X ?
- Parce qu'elle attend
- Elle attend quoi ?
- Elle attend un bébé.
- Ah bon !
Un silence. Puis l'enfant :
- Et M. le Curé, pourquoi est-il si gros ? Est-ce qu'il attend lui aussi ?
- Oui.
- Ah ! Et il attend quoi ?
- Un vicaire. »

Le curé au vicaire :
« Ce n'est pas tout de rassembler les gens, Monsieur l'abbé.
La difficulté commence quand il s'agit de savoir quoi leur dire !
Réponse du vicaire :
– Vous n'avez qu'à commencer, M. le Curé ! »

Le vicaire de la paroisse aime beaucoup la musique, surtout la musique sacrée, celle des églises, et il aime à le faire savoir en montrant sa culture en ce domaine : « De nombreux et célèbres compositeurs, dans la longue histoire mondiale de l'art musical, ont écrit des pièces de musique sacrée de toute beauté. Oui, beaucoup, vraiment. »
- Par exemple ?
- Oh ! Je pourrais en citer pas mal.
Déjà, pensez seulement à ces trois-là mondialement connus : Jean, Sébastien, Bach... »

Au bout de quelques années de service, un prêtre vient d'être nommé curé dans une autre paroisse. Comme c'est l'habitude, il passe le dernier mois de sa présence à des visites d'adieux chez des paroissiens. Reçu chez une vieille dame, il l'entend affirmer haut et fort que son successeur ne fera sûrement pas aussi bien que lui etc.
« Mais non, mais non… rougit le prêtre, que tant de compliments couvrent de confusion
– Oh que si ! Il ne vous arrivera pas à la cheville, j'en suis sûre et certaine !
– C'est trop d'honneur… Vraiment, vous me gênez, madame.
– Si, si, je vous le répète, votre successeur vous sera bien inférieur, croyez-moi. Car c'est bien simple : c'est la cinquième fois en quinze ans que nous changeons de curé, eh bien à chaque fois le nouveau est moins bon que le précédent… »

DOUANE ET SOUTANE

Une vieille dame très distinguée s'apprête à rentrer de Suisse en avion. Le passager assis à côté d'elle se trouve être un prêtre lui aussi d'un certain âge et en soutane. Ils entament conversation et, très vite, enhardie par l'allure à la fois respectable et joviale du brave curé, la dame l'interroge :

« Monsieur l'abbé, puis-je oser vous prier de m'accorder une faveur ?

- Ma foi, si je peux vous rendre service, pourquoi pas ?

Que puis-je faire pour vous ?

- Voilà. En Suisse je me suis acheté un épilateur électrique haut de gamme, que j'ai donc payé très cher. Je crains de me le faire confisquer à l'arrivée, par les douaniers. Accepteriez-vous de... eh bien... de le dissimuler sous votre soutane ?

- Bien sûr. Seulement, je dois vous avertir que je ne sais pas mentir.

- Oh, avec vous, pas de risque.

On ne vous posera certainement aucune question !

Et elle lui remet l'épilateur sophistiqué. »

L'avion parvenu à sa destination, le prêtre se présente au poste de douane.

« Avez-vous quelque chose à déclarer ? lui demande un douanier.

- De la tête à la ceinture, je n'ai rien à déclarer, mon fils.

Intrigué par cette réponse pour le moins étrange, le douanier demande :

- Et... de la ceinture aux pieds, qu'est-ce que vous avez ?

- J'ai un merveilleux petit instrument destiné aux femmes et qui n'a jamais été utilisé ! »

ÉVÊQUES

La fête paroissiale bat son plein avec ses différents stands.
L'évêque est venu en visiteur, un évêque dont on connaît l'obésité.
Il rencontre devant le stand frites-saucisses le curé de la paroisse, lui, maigre comme un clou.
Par plaisanterie il lui lance :
« Quand je vous vois, on pourrait facilement penser qu'une famine est survenue dans le pays.
À quoi le prêtre réplique :
- Et quand on vous voit, on pourrait penser que c'est de votre faute. »

Le conseil paroissial est en pétard. Il se plaint auprès de M. le curé : « C'est pas Dieu possible ! Chaque fois que nous cherchons à rencontrer l'évêque pour lui exposer un problème ou lui demander quelque chose, chaque fois il est injoignable. On nous fait la même réponse : "Monseigneur étudie..." Ne serait-il pas envisageable, des fois, qu'on nous donne un évêque qui a fini ses études ? »

L'évêque est venu présider une messe dans une paroisse. Une des lectures bibliques de ce dimanche-là a pour sujet le récit du prophète Jonas, jeté à la mer et avalé par une baleine avant d'être recraché par elle au bout de trois jours. Comme l'évêque, dans son sermon, s'est lancé dans un vibrant éloge de la foi tenace en Dieu de Jonas dans son épreuve, un paroissien l'interpelle sans complexe :
« Croyez-vous sérieusement que Jonas a été avalé par une baleine ? Je veux dire : comme ça, pour de vrai ?
– Si je vais au Ciel, je lui poserai la question, répond l'évêque en fronçant les sourcils.
– Et s'il n'est pas au Ciel ? lance le sceptique.
– Oh mon Dieu ! réplique l'évêque. En ce cas, mon bon Monsieur, c'est vous alors qui lui poserez la question. »

Véridique

Au cours d'un voyage, l'évêque de Boston (USA) descendit dans un hôtel. À la réception, il dut remplir une fiche réglementaire. En face des mots : « Nom de la firme qui vous emploie », il écrivit : « Dieu & Co ».

Un évêque a un chauffeur intelligent, très franc et très déluré. Un jour qu'il va conduire son passager à une des innombrables cérémonies officielles et protocolaires qui sont le lot d'un prélat, il lui confie tout de go :
« Monseigneur, ça fait maintenant longtemps que je vous ai vu à l'œuvre et entendu débiter ces salutations de circonstances puisées dans des discours interchangeables. J'ai bien l'impression que je pourrais être aussi bon que vous dans ce genre d'exercice.
Cela fait rire l'évêque de bon cœur, puis celui-ci lâche :
- Ma foi, pourquoi pas ? Aujourd'hui nous allons à une cérémonie dans un coin du diocèse où l'on me connaît à peine. Échangeons nos costumes, c'est vous qui faites le discours.
Aussitôt dit, aussitôt fait. Le chauffeur de l'évêque se lance dans une allocution brillantissime qui recueille un tonnerre d'applaudissements. Mais, le discours terminé, voilà qu'un membre de l'assemblée vient droit sur lui et sollicite son conseil à propos d'une question théologique très complexe. La requête secoue bien un peu notre chauffeur costumé en évêque, mais il se reprend très vite et répond placidement :
- Franchement, je suis très surpris que vous accapariez mon temps et mon esprit avec de telles broutilles. Mon chauffeur saura répondre aussi bien que moi à cette question d'enfant. Il n'est pas loin, je le fais appeler à l'instant pour que vous ayez par vous-même la preuve de ce que je vous dis là. »

L'archevêque se sent au plus mal et gît dans son lit de souffrance.
On a fait appeler le médecin. Celui-ci ausculte, palpe
et examine très consciencieusement le prélat. Enfin il lui dit :
« Le pouls est régulier, la respiration correcte
et le cœur bat comme une horloge, votre Excellence.
- Tout est donc excellent, rugit l'Excellence,
et je vais mourir en meilleure santé ! »

Véridique

Définition rapportée par un évêque français :
« Un évêque, c'est comme un rond-point.
Cela fait que chacun apprend à le contourner. »

Véridique

Lors de la messe chrismale, l'évêque a fait ouvrir la cruche qui contient le Saint-Chrême, y a mélangé des essences aromatiques, a béni le Saint-Chrême. Puis il dit au servant :
« Couvrez la cruche.
Le servant ne comprenant pas, l'évêque lui répète :
– Couvrez la cruche.
Une inspiration vient au servant : il prend la mitre et va pour la poser sur la tête de l'évêque, lequel lâche alors en montrant sa tête :
– Pas celle-ci (puis désignant le récipient), celle-là ! »

Véridique

Lors d'une visite qu'un évêque rendait à une école catholique,
toutes sortes de questions lui sont posées par les élèves,
dont celle-ci, d'une fillette :
« Est-ce que c'est dur, d'être évêque ?
Sans laisser le temps à l'évêque de répondre,
un garçon de la classe lance à la fille :
- Y fait c'qui peut ! »

Véridique

Un nouvel évêque se rendait pour la première fois dans la cathédrale. Il fut ainsi accueilli par la sacristine, qui l'attendait de pied ferme : « Monseigneur, j'en ai vu passer ici, des évêques ! »

Véridique

Ça s'est passé dans l'ouest de la France et au milieu du siècle dernier, à l'époque où les évêques n'étaient pas encore tenus de présenter leur démission à 75 ans et restaient en poste jusqu'au bout de leurs forces… et de leurs infirmités. Époque aussi où il était d'usage d'appeler un évêque en charge « l'ordinaire » du diocèse.

Une grande fête locale avait réuni ce jour-là autour d'une foule nombreuse et en liesse les autorités civiles, militaires et religieuses assises sur une grande estrade. Le vieil évêque du diocèse était présent ainsi que son jeune auxiliaire, nommé pour pallier les défaillances de l'ancien. Entre autres infirmités qui affligeaient celui-ci, une, d'ordre physique, nuisait moins au diocèse qu'aux personnes de son entourage, à leur odorat plus précisément : une redoutable propension à la flatulence, que le malheureux vieillard ne savait ou ne pouvait plus contrôler. C'est ainsi qu'au beau milieu du discours d'un notable de l'auguste assemblée, l'évêque lâcha une rafale de pets retentissants qui jetèrent un certain froid sur les nobles personnalités présentes. Pour la défense du perturbateur, l'évêque auxiliaire trouva comme unique ressource de se pencher à l'oreille du préfet et de lui glisser :

« Que voulez-vous ? Ça sort de l'ordinaire… »

Véridique

Longtemps évêque du diocèse de Nantes, Mgr Jean Joseph Léonce Villepelet (1892-1982), était bien connu et reconnaissable des catholiques du diocèse non seulement à son habit, certes, mais surtout à sa façon de parler en chevrotant.
Un jour que, entre deux visites à des groupes de jeunes confirmands, il ressentit soudain un besoin pressant, il sonna à la porte du premier presbytère sur sa route et, comme personne ne venait, entra et s'enquit à haute voix du lieu des toilettes. Alors il entendit, venant de l'étage, la voix d'un prêtre jeune (c'était le vicaire) qui lança tout de go :
« Quel est le c.... qui imite aussi bien le patron ?
Une fois le choc encaissé, l'évêque aurait répondu très placidement :
- C'est l'auteur lui-même... »

Véridique

Une jeune maman s'était renseignée auprès d'une amie qu'elle savait chrétienne pratiquante sur les démarches à faire pour le baptême de son petit enfant.
« Je dois aller à l'évêché ?
- Non, ça n'est pas nécessaire. Tu vas à ta paroisse, le bâtiment s'appelle un presbytère, tu rencontreras un adjoint de l'évêque, le curé de la paroisse. Tiens, voilà l'adresse.
Une semaine plus tard, l'amie prend des nouvelles. Entre-temps, la maman était allée sonner au presbytère et avait été reçue par une dame de permanence à l'accueil.
- Alors, ça y est, tu as pu aller au presbytère ?
- Oui, oui, j'y suis allée. Très bien, très bien. L'évêque était sorti, mais sa femme m'a reçue tout comme il faut, elle est très sympa ! »

Un homme est en consultation chez un médecin, qui l'examine longuement.
« Alors, demande-t-il à la fin, quel est au juste mon état de santé, Docteur ?
– Pas vraiment bon. Vous devez à tout prix changer de régime de vie. Vous fumez ?
– Entre trente et trente-cinq cigarettes par jour…
– C'est beaucoup trop ! Plus de cinq serait déjà toxique pour vous. Et côté boisson ?
– En moyenne deux litres de vin par jour…
– Beaucoup trop ! Je vous autorise deux verres maximum. Et les femmes ? Je veux dire : combien de fois ?….
– C'était il y a très longtemps. Voyons, que j'essaie de me souvenir…
– Juste ciel, ça ne va pas du tout ! Là en revanche vous devez faire quelque chose ; je vous le dis tout net : forcez-vous au besoin !
– C'est fort bien dit de votre part, comme médecin, mais moi qui suis évêque auxiliaire… »

Une gare allemande. Un évêque rondouillard en grande tenue [soutane filetée de violet] reconnaît sur le quai un ancien condisciple de lycée qui – cela se voit à son uniforme – est devenu général. Il n'avait jamais pu l'encadrer et, allant droit sur lui, lui demande : « Excusez-moi, M. le contrôleur, quand part le prochain train pour Cologne ? L'autre le reconnaît à son tour, le toise d'un air goguenard puis répond : – 17 h 20, chère Madame, mais dans votre état, moi, j'arrêterais les voyages. »

Organiste

L'organiste est, dans une paroisse, un personnage considérable et infiniment précieux, surtout quand il n'y en a pas d'autre à dix lieues à la ronde ! Les paroisses les plus cossues ont de quoi salarier des organistes parés alors du grade d'organistes

« titulaires » des grandes orgues de la cathédrale ou de la basilique, et l'on procède à une sorte d'appel d'offres pour choisir l'heureux/se élu/e. L'organiste professionnel d'une paroisse était parti en retraite, et M. l'archiprêtre avait estimé prudent d'aller aux renseignements auprès de certains confrères avant toute présélection de candidats. Comme on lui avait vanté le génie et le talent réunis de l'un d'eux, il interrogea un confrère qui lui répondit :
« M. X a, en effet, beaucoup de génie, surtout dans ses improvisations, brillantes et surprenantes, mais dont je dirai qu'elles proviennent de sa fidélité farouche à la Bible, qu'il défend au pied de la lettre : ainsi, sa main droite ignore complètement ce que fait sa main gauche ! »

Prélats

Ce temps-là est (souhaitons-le) révolu.
Mais on se racontait malicieusement dans l'Église qu'il existe au Vatican un sacrement de plus que dans le reste du monde, un huitième sacrement : la nomination d'un clerc à la dignité de prélat de sa Sainteté (en italien : « Monsignore »), et un sacrement répondant scrupuleusement à toutes les conditions de validité d'un sacrement, à savoir :
- un signe extérieur : « plenitudo ventris » (embonpoint)
- une grâce intérieure : « senilitas mentis » (ramollissement cérébral)
- une origine scripturaire : la parole de Jésus lui-même : « Dormite iam et requiescite » (« désormais dormez et reposez-vous », Mt 26, 45)

Deux dignes prélats romains prennent des vacances sur une île allemande de la Mer du Nord. Tandis qu'ils se promènent en direction de la plage, ils tombent sur un grand panneau sur lequel il est écrit : « Plage FKK (*Freikörperkultur* : Club naturiste). Accès réservé ».
Un des prélats demande à l'autre :

« Sais-tu ce que cela veut dire ?
– Non, mais nous pouvons jeter un coup d'œil.
Il gravit la dune, atteint une palissade et se penche en avant, puis s'exclame, horrifié :
– Mon Dieu, c'est ici tout plein de gens tous nus !
– Quoi ? Des hommes et des femmes ?
– J'en sais rien. Ils ne portent pas de vêtements. »

Deux amis assistent à une imposante procession religieuse publique autour d'une cathédrale, dans laquelle figure une kyrielle de chanoines et autres prélats, tous en soutane violette filetée de rouge.
« Eux tous sont donc aussi des évêques ?
- Dame non ! lui répond l'autre. On le dirait bien, et ils l'auraient bien voulu, mais ça ne s'est pas fait ! »

Trois prêtres amis se retrouvent par hasard dans le même compartiment de train et, comme ils ne s'étaient pas revus depuis longtemps, évoquent entre eux leur carrière respective.
« Moi, comme curé d'une grosse paroisse et chanoine du diocèse, je suis extrêmement honoré que tout le monde m'appelle : "Mon Révérend".
- Moi, c'est encore mieux, surenchérit le deuxième. En tant que recteur d'une basilique, je me sens extrêmement flatté que tout le monde me donne du "Monseigneur"...
- Eh bien moi, encore plus fort ! dit le troisième en se rengorgeant. Car depuis que mon évêque m'a nommé Grand Économe du diocèse, chaque fois que je vais en tournée réclamer des loyers impayés, dès qu'on me voit on s'écrie :
- Mon Dieu ! »

Un prélat fait fièrement visiter à un autre son énorme bibliothèque.
Ce dernier lui demande :
« Accepteriez-vous de m'en prêter quelques-uns ?
- Hors de question : ce sont tous des livres empruntés ! »

PRÊTRES

Proverbe provençal :
« Si tu veux être heureux un jour, saoule-toi.
Si tu veux être heureux trois jours, marie-toi.
Si tu veux être heureux toute ta vie,
deviens curé ! »

« J'embauche ! » avait lancé le cardinal François Marty (1904-1994), alors archevêque de Paris, pour recruter de futurs prêtres. À quoi certains répliquèrent qu'être prêtre, ce n'est pas un métier. Comme s'ils donnaient raison à la boutade du P. Georges Kowalski, professeur de théologie à l'Institut Catholique de Paris dans les années 1970-1980 :
« Les prêtres, s'ils avaient vraiment eu envie de travailler, ils auraient choisi un autre métier ! »

Au temps où les prêtres portaient la soutane et où l'on n'avait pas fermé les maisons closes, un prêtre qui allait pour la première fois rendre visite à des paroissiens se trompe d'adresse, à un numéro près, et sonne à la porte. Une ravissante jeune femme très légèrement vêtue lui ouvre.
« Ah ! s'exclame-t-elle en regardant le visiteur de la tête aux pieds. Je crois que vous avez fait erreur.
- En effet, Mademoiselle... mais c'était il y a quelques années... »

La catéchiste parle avec tant de ferveur et d'exaltation des prêtres comme d'êtres humains au-dessus de tous les autres qu'une fillette lui demande :
« Ils dorment quand même ?
– Oui, oui, concède la catéchiste, mal à l'aise.
– Et, s'enhardit un garçon déluré qui en profite… ils vont aussi aux toilettes ?
– Oui mais… le moins possible ! »

Un prêtre est en train de déguster
un verre d'excellent vin de sa cave.
Il s'en pourlèche les babines.
« Comme c'est curieux ! se dit-il. Quand ils trouvent
un vin très bon, les gens disent :
"Diable, ça c'est du bon !"
Mais s'il ne leur plaît pas, ils disent :
"Mon Dieu, quelle infecte piquette !" »

Un dimanche, des fermiers reçoivent à déjeuner leur nouveau curé,
un homme à la mine réjouie et visiblement bon vivant.
« Qu'est-ce qui vous ferait le plus plaisir à boire, M. le curé ?
Un verre de bière ou un verre de vin ?
- Ma foi, pour vous dire franchement les choses,
de préférence les deux, mais… en commençant par un apéritif ! »

Véridique

Lu dans la presse régionale :
« Le conducteur n'a pas pu ne pas reconnaître
les policiers puisqu'ils étaient revêtus
de leur chasuble fluorescente. »

On en était au beau milieu de la nuit quand la sonnerie du téléphone retentit dans ce presbytère de campagne, obligeant son curé à se lever et à décrocher.
« Allô ? J'ai bien l'honneur de parler au patron de la Taverne du Cochon pendu ? Il nous faudrait encore deux caisses de canettes de bière.
- Vous n'y êtes pas du tout, je suis le curé de la paroisse saint Guingalois !, s'étrangle d'indignation le prêtre.
- Oh ! Y a pas de mal, s'entend-il répondre, mais... que peut bien faire à pareille heure not'curé dans une taverne ? »

À la suite d'une session entre prêtres ceux-ci se retrouvent autour de verres de bon vin et se mettent à parler de choses et d'autres. Pour finir on en vient à la question de savoir ce qui est le plus séduisant chez les femmes.
Un prêtre est d'avis que ce sont les yeux, un autre les cheveux, un troisième les mains et, finalement, un audacieux lance :
« C'est la poitrine.
Alors le doyen interrompt la discussion sur ces mots :
- Ça suffit comme ça, sinon il y en aura encore un pour dire tout bonnement la vérité. »

PRÊTRES CATHOLIQUES, PASTEURS PROTESTANTS ET RABBINS

Un jésuite et un pasteur protestant discutent entre eux des divergences entre catholicisme et protestantisme.
Au bout d'un certain temps, le jésuite dit :
« Laissons tomber cette dispute inutile.
En définitive nous travaillons quand même tous les deux pour le même Seigneur, vous à votre façon, moi à la sienne. »

Un prêtre dit à son ami rabbin :
« J'ai un truc pour manger gratuit.
- Super ! Donne-moi ton secret !
- Je vais au restaurant, assez tard, et je commande une entrée, un plat, du fromage, un dessert et puis je prends mon temps en dégustant un café, un cognac et un cigare... Et j'attends la fermeture. Comme je ne bouge pas, et quand toutes les autres chaises sont rangées sur les tables, le garçon vient me voir pour encaisser. Alors je lui réponds :
« Mais j'ai déjà payé à votre collègue qui est parti »...
et le tour est joué !
Et le rabbin :
- Génial, on essaie demain ?
- OK !
Le lendemain, les deux compères vont au restaurant et tout se passe comme prévu. Au moment de la fermeture, le garçon demande s'il peut encaisser et le prêtre lui répond :
- Désolé, mais on a déjà payé à votre collègue qui est parti.
Et le rabbin d'ajouter :
- ... D'ailleurs nous attendons toujours notre monnaie ! »

Un prêtre, un pasteur et un rabbin discutent entre eux sur le moment de l'origine de la vie.
Le prêtre : « La vie commence avec l'union de l'ovule et du spermatozoïde. »
Le pasteur : « La vie commence avec la naissance de l'enfant. »
Le rabbin secoue la tête et dit : « Parlons franchement. Quand les enfants ont quitté la maison et que la belle-mère est partie au Ciel, alors là, la vie commence ! »

Luther et Calvin

Le même exégète sujet aux étourderies que celui qui est évoqué à la rubrique « bible » avait, au temps où il enseignait dans le grand séminaire de son diocèse, remplacé un jour son collègue d'histoire. Dans le programme de l'année, son enseignement du jour devait porter sur les origines de la Réforme.
Il commença très fort :
« Pour résumer les choses, disons qu'aux origines de la Réforme et du protestantisme il y a eu deux hommes pour ainsi dire inséparables et très connus, à savoir… euh… ah oui : Lutin et Calvaire!
Immense éclat de rire des séminaristes. Le pauvre professeur met du temps à rétablir le calme, ayant mis du temps à se rendre compte de son lapsus. Il tâche de s'en sortir de son mieux :
– Vous savez ce que c'est, quand la langue fourche… Bon, alors, je reprends… Bien sûr, je voulais parler de Cal… vaire et Lutin.
Fou rire inextinguible de l'auditoire. Cette fois, avouait le héros malgré lui de l'histoire, malgré tous ses efforts, il n'arrivait pas à rétablir le calme et le silence.
– Alors… qu'avez-vous donc fait?
– Ce que j'ai fait? Eh bien je… je suis sorti! »
Il est vrai qu'il venait de faire le tour de la question.

Chrétiens et juifs

Un cardinal et un grand rabbin ont été invités à une cérémonie officielle et se trouvent assis côte à côte au dîner qui la conclut.
Le rabbin fait l'impasse sur le plat principal car il contient de la viande de porc.
« Ah! Monsieur le grand rabbin, lance le cardinal, quand vous déferez-vous de ces vieux préceptes?
– À votre mariage, Éminence! »

Unité des chrétiens

Un jour le téléphone sonna dans le bureau du pape, à Rome.
« Allô, ici Dieu. J'ai une bonne et une mauvaise nouvelle.
Le pape : - Commencez par la première, s'il vous plaît.
Dieu : - OK, j'ai décidé d'unir le monde entier dans une seule et même Église.
Le pape : - C'est fantastique, enfin !
Quand je pense que nous n'avons pas cessé de travailler pour ça.
Et… la mauvaise nouvelle ?
Dieu : - Eh bien… J'appelle de Salt Lake City. »
[Siège mondial des Mormons].

Gourous et sectes

Récit : Pour la première fois de ma vie, je suis allé dans une église ou un truc religieux dans ce goût-là. J'ai assisté à un culte des Témoins de Jéhovah, et j'ai vu leur prophète, leur gourou. Oui, oui, j'étais assis là, il est venu à moi, il a appuyé ses mains sur ma tête et s'est exclamé d'une voix forte :
« Vous allez marcher !
Je lui répondis que je ne souffrais d'aucun problème de motricité.
Il ignora ma remarque et cria de plus belle :
- Vous allez marcher !
Là, je refais une tentative pour lui expliquer que je n'avais aucun problème de marche, mais en vain car il hurle encore plus fort :
- Vous allez marcher !
Toutes les prières terminées, je suis sorti et alors… que croyez-vous qu'il advint ? Eh ben, il avait raison, ce c… : on m'avait piqué mon vélo ! »

L'affiche avait été placardée dans une rue
par une secte pseudo-chrétienne qui cherchait
à s'attirer des clients :
« Viens-tu aujourd'hui de commettre un péché?
Ajouté au rouge à lèvres par une main anonyme
au-dessous de la question :
- Si ce n'est pas le cas,
appelle vite le 0101010101! »

Recteur

Le mot « recteur » désigne encore en Bretagne les curés de paroisses. On l'emploie aussi pour désigner les supérieurs de séminaires en Europe, voire les prêtres superviseurs de communautés religieuses. Dans ce dernier cas, où le titre latin est « rector », le mot mis en acrostiche par des sœurs offre un insolent divertissement :

R egere (commander)
E xistimat (croit-il)
C um (alors que)
T amen (en réalité)
O mnino (de bout en bout ou « par le bout du nez »)
R egatur (il est commandé)

Sacristains

Sacristains et sacristines sont des figures clés, indispensables et incontournables du culte catholique, même pour des curés aux tendances dictatoriales, du genre « Je sais bien ce que j'ai à faire ». Comme Alexandre VIALATTE l'a écrit à propos des mères, les sacristains remontent à la nuit des temps, enfin des temps de l'Église. C'est ainsi qu'il n'est pas rare d'en entendre dire avec la dignité offensée d'un

majordome anglais : « On n'a jamais vu ça ! » ou « Ça a toujours été comme ça ».
Avec le temps, donc l'ancienneté, les sacristains gagnent en autorité. Ils savent qu'ils peuvent se permettre à l'occasion une critique sans concession. Au jeune vicaire qui déboule au dernier moment dans la sacristie parce qu'il s'est levé en retard, un sacristain a pu dire, paraphrasant l'Écriture sainte :
« Es-tu celui qui doit venir ou bien devons-nous en attendre un autre ? » (Évangile selon saint Luc 7, 19)

M. le curé doit embaucher un nouveau sacristain. Personne ne se propose. Enfin une candidature se présente. C'est une femme, alors qu'il a toujours été habitué à travailler avec des sacristains hommes. À contrecœur il la convoque pour un entretien d'embauche.
« Votre nom ?
- Marianne.
- Madame, je ne suis pas du genre de ces gens qui, dès la première rencontre, sont à « "tu" et à "toi" avec l'autre, souvenez-en vous bien. Euh... Quel est votre nom de famille ?
- Trésor.
- Ah !.... Euh !.... Bon... Marianne, vous avez le job ! »

Les sacristains, à la longue, font partie des meubles de l'église. À force de les voir circuler de la nef au chœur, d'un transept à l'autre, du premier étage (la tribune) jusqu'au sous-sol (la crypte), les visiteurs touristes ont tôt fait de les prendre pour des historiens de l'art et les abreuvent de questions. Mais parfois, trop c'est trop, et ils craquent ;
« Quelle belle église dans une si belle ville ! Vous le savez sûrement : y a-t-il eu des hommes et des femmes célèbres qui sont nés ici ?
- Non, aucun ! On n'a jamais eu que des bébés ! »

« Pensez-vous, docteur, que la blessure de ma main guérira suffisamment bien pour que je puisse jouer de l'orgue ?
– Certainement, sans problème.
– Super ! reprend le sacristain.
Car jusqu'à présent j'étais incapable de jouer de l'orgue. »

REPRODUCTION

Véridique

Cette femme d'un pays de l'Est qui enseignait la linguistique à l'Institut Catholique de Paris s'avisa un jour, pendant un de ses cours, qu'il serait bon que les étudiants aient la photocopie d'un certain document. Mais elle n'avait pas pensé à le photocopier pour eux. S'adressant alors à ceux des étudiants qui habitaient dans les murs, étant séminaristes au Séminaire dit « des Carmes », elle demanda candidement à ces jeunes hommes : « Avez-vous au séminaire des moyens de reproduction ? »

SÉMINARISTES

À Rome, il fait bien chaud une grande partie de l'année et, quand il ne fait pas encore chaud, il y a le sirocco, ce vent chaud venu de Libye, qui souffle sur la Ville. On ne s'étonnera donc pas que nombre d'églises y soient fermées entre midi et 16 heures pour la sieste de M. le curé, ce qui explique qu'il se dise qu'à Rome les prêtres se lèvent deux fois par jour ! Pour la même raison, dans les années 80, les séminaristes du Séminaire français avaient coutume de se dire entre eux après le déjeuner au réfectoire suivi du café à la Tazza d'Oro puis de la glace chez Giolitti : « Allez, on rentre à la maison, une p'tite sieste et puis... au dodo ! »

Conseil d'un vieux chanoine aux séminaristes des Carmes (séminaire de l'Institut Catholique de Paris, sis dans les murs d'un ancien couvent des Carmes) :
« Dans le diocèse de Paris, il faut avoir quelqu'un qui vous mette le pied à l'étrier ; mais, Messieurs, rappelez-vous bien ceci : il y a plus de pieds que d'étriers ! »

« Votre fils veut donc à tout prix devenir prêtre ?
demande le supérieur du séminaire au père d'un de ses séminaristes.
Il n'est pas si intelligent que ça et, de toute façon,
vous n'avez pas les moyens de lui payer des études.
- Mais il est tellement pieux ! proteste le père
- C'est possible, réplique le supérieur, mais avec ça
on ne devient pas curé de paroisse, tout au plus un saint. »

SUPÉRIEURS DE SÉMINAIRES

Véridique

Déclaration d'un supérieur de séminaire
tenue en public, aux séminaristes,
à propos des visites de femmes
et de jeunes filles dans la maison :
« Je ne veux pas dire que je mets un "veto" définitif
et formel sur ce genre de choses,
mais... et même si elles viennent éventuellement
pour donner un coup sur le lavabo... »

Véridique

Du même :

« Autrefois, on disait "les personnes du sexe", parce que les autres n'en avaient pas... »

5

Sans oublier les religieux et religieuses

EST-IL VRAI QU'À UNE QUESTION QU'ON LUI POSE UN JÉSUITE RÉPOND TOUJOURS PAR UNE AUTRE QUESTION ?
QU'ENTENDEZ-VOUS PAR LÀ ?

JÉSUITES, DOMINICAINS, FRANCISCAINS, BÉNÉDICTINS & CIE

« Je viens de trouver, s'écrie un Père jésuite, pourquoi les dominicains croient tellement à la grâce : c'est à force de constater la gentillesse des Jésuites qu'ils fréquentent ! »

Devinette : qu'ont en commun les dominicains et les jésuites ? Et qu'est-ce qui les différencie ?
Points communs. Les deux ordres ont été fondés par un Espagnol : les dominicains par saint Dominique, les jésuites par Ignace de Loyola. De même, tous les deux ont été encouragés par les papes pour lutter contre des hérésies : les dominicains contre les Cathares, les jésuites contre les protestants.
Quelle différence alors entre les deux ? Très simple, vous répondrait sans doute un jésuite : avez-vous jamais rencontré un Cathare ?

Un jésuite est décédé et arrive au Ciel.
Sans traîner, une méga-fête du tonnerre de Dieu est organisée, les chœurs angéliques s'époumonent ainsi qu'un orchestre de trompettes et saxos, pour accueillir ce membre de la Société de Jésus.
Là-dessus arrive au Ciel un capucin.
Mais là, pas de fête, pas de chanteurs ni de musiciens.
Idem quand débarque un bénédictin.
« Ça me gêne profondément, se confie le jésuite auprès de saint Pierre : pour moi, cette fête à tout casser, et rien pour ces pauvres Pères, à qui personne n'a l'air de faire attention...
- Certes, certes, mais vois-tu, de ces congrégations il nous arrive un presque tous les jours, tandis que des jésuites, ça fait deux bons siècles qu'on n'en avait pas encore eu un seul ! »

Un jésuite va se confesser auprès d'un dominicain.
Ce dernier lui donne pour pénitence de prier un rosaire en récitant après chacun des quinze mystères… la litanie des saints (!)
Mais la revanche arrive ! Le hasard fait que le dominicain a la malchance de se retrouver un jour dans le confessionnal du même jésuite. Quand arrive le moment de donner une pénitence, le dominicain lance joyeusement :
« Bien cher frère, pour votre pénitence, vous direz la litanie des saints en récitant un rosaire après… chaque nom de saint ! »

Le hasard veut qu'un jésuite et un franciscain se rencontrent, face à face, dans un compartiment de train, priant le bréviaire chacun de son côté. Là-dessus, le jésuite sort nonchalamment de sa poche un paquet de cigarettes et s'en allume une.
« On n'a pas le droit de fumer en priant ! s'offusque le franciscain.
– Moi si, répond le jésuite. J'en ai obtenu l'autorisation…
– Non ?… C'est facile à obtenir ? demande, intéressé, le franciscain.
– Et comment ! Il suffit de faire une demande à son supérieur.
Le hasard fait que les deux se retrouvent peu de temps après.
Le franciscain est en colère :
– Vous m'avez bien eu : évidemment, je n'ai pas obtenu l'autorisation.
– Comment avez-vous formulé votre requête ?
– Très simplement. J'ai demandé si je pouvais fumer en priant.
– Vous vous y êtes très mal pris ! Il fallait faire comme moi : demander si vous pouviez prier *en fumant*. »

Un bénédictin, un dominicain, un franciscain et un jésuite se trouvent à faire une retraite spirituelle dans le même lieu. Or, un soir d'orage, alors qu'ils priaient ensemble le bréviaire, soudain toutes les lumières de la pièce s'éteignent. Le bénédictin n'en poursuit pas moins sa prière car il connaît les psaumes par cœur. Le dominicain se lance dans une abyssale méditation sur l'influence de la lumière sur la piété humaine, le franciscain se met à genoux et implore le pardon de Dieu pour l'oubli, par les hommes, de l'antique frugalité

des hommes qui se contentaient de l'éclairage naturel des lampes à huile. Et voici que la lumière réapparaît aussi soudainement qu'elle avait disparu. Les trois religieux voient alors le jésuite qui revient dans la pièce.
« Où étais-tu donc passé ?
– À la cave pour rétablir le disjoncteur… »

Quelqu'un s'adresse à un franciscain et lui demande de dire une neuvaine pour lui, afin qu'il gagne une Lexus à la Loterie Nationale.
« C'est quoi, une Lexus ?
- Une voiture de luxe.
- Bonté divine ! Saint François nous recommande la plus extrême pauvreté. Désolé, mais pas question pour moi de prier pour ce genre de choses.
Le gars va trouver ensuite un dominicain.
- Pourriez-vous, s'il vous plaît, dire une neuvaine pour que je gagne une Lexus ?
- C'est quoi, une Lexus ?
- Une voiture de luxe.
- Bonté divine ! Saint Thomas d'Aquin met en garde contre l'amour des biens de ce monde et l'orgueil qui en découle. Désolé, mais pas question pour moi de prier pour ce genre de choses.
En désespoir de cause, le gars s'en va trouver un jésuite :
- Mon Père, je vous en supplie, pourriez-vous, s'il vous plaît, dire une neuvaine pour que je gagne une Lexus ?
- C'est quoi, une neuvaine ? »

Un franciscain, un dominicain et un jésuite s'en vont faire une partie de golf. Tout se passe pour le mieux, mené rondement et dans la meilleure ambiance qui soit jusqu'à ce qu'ils se trouvent arrêtés dans leur parcours par un groupe de personnes qui jouent très lentement et, de ce fait, bloquent le parcours sans donner d'explications. Un peu pas mal agacés, les trois religieux vont

trouver le directeur du golf. Ce dernier, embarrassé, leur explique qu'il s'agit de gens qui apprennent à jouer à des aveugles. Chaque aveugle joue en duo avec une personne non aveugle qui l'aide sur chaque coup en lui donnant des conseils.
Le franciscain est profondément édifié et admiratif devant le dévouement des valides. Il présente aussitôt ses excuses au directeur pour sa mauvaise humeur et compte bien s'inspirer de cet exemple de charité auprès des plus pauvres.
Le dominicain lui aussi ne peut cacher son émotion. Il explique qu'il va prêcher là-dessus et pratiquer lui-même la patience devant des situations de ce type.
Le jésuite est également touché. Il prend le directeur à part et l'encourage à persévérer dans sa bienveillance envers les handicapés… tout en ajoutant cette petite suggestion :
« Ne pensez-vous pas que ce serait mieux pour tout le monde de faire cela après le coucher du soleil ? »

Un franciscain se rend chez le coiffeur.
La séance achevée, il lui demande combien il lui doit.
Le coiffeur lui répond qu'il ne fait jamais payer les religieux.
Le lendemain matin, le coiffeur trouve devant sa porte
un panier contenant un gros pain tout chaud,
cuit au couvent des franciscains de la ville.
Un trappiste arrive lui aussi dans le même salon de coiffure.
Il va aussi pour payer mais le coiffeur lui répond de même
qu'il ne fait pas payer les religieux.
Le lendemain, il trouve devant sa porte une caisse de canettes
de la fameuse bière brassée par les trappistes de la région.
Arrive enfin un jésuite, même refus du coiffeur de se faire payer.
Et le lendemain il trouve devant sa porte
une file de jésuites attendant leur tour...

Nos bons Pères et leurs sermons…

À vrai dire, le Bon Dieu, dit-on,
est toujours bien embarrassé,
quel que soit le pedigree du prédicateur.
Quand un dominicain monte en chaire
pour son sermon, le Bon Dieu se demande
ce qu'il *va* bien pouvoir dire.
Quand un capucin (variante de franciscain)
est dans la chaire, il se demande
ce qu'il est *en train de* dire.
Quand un jésuite descend de la chaire
après avoir prêché, il se demande
ce qu'il *a* bien pu dire…

Un homme avait trois fils, et chacun d'eux fit le choix d'entrer dans un ordre religieux différent : l'aîné devint dominicain, le deuxième franciscain, le benjamin jésuite. Sur son lit de mort, le père tint ce discours à ses enfants :
« Je sais que vous avez tous les trois fait vœu de pauvreté. Mais justement, en preuve de votre détachement vis-à-vis de l'argent et en signe de reconnaissance pour l'amour que je vous ai donné et de la foi que je vous ai transmise, promettez-moi de déposer chacun 1 000 € dans ma tombe pour qu'ils soient enterrés avec moi.
Le jour des obsèques et au moment de l'inhumation au cimetière, l'aîné s'avance, dépose 1 000 € sur le cercueil et dit :
– Papa, je sais que tu ne peux plus disposer pour toi-même de cet argent, c'est donc du gaspillage. Mais mes supérieurs m'ont accordé une permission spéciale de le faire, en signe de notre détachement et de mon affection.
Le deuxième enfant s'avance à son tour :
– Papa, tu sais combien je t'aime. Mais les besoins des pauvres sont tellement grands que je ne me reconnais pas le droit et que je n'ai tout simplement pas le cœur d'enterrer 1 000 € avec toi. S'il te plaît, pardonne-moi. »

Alors le jésuite s'avance et, solennel :
– Ne t'en fais pas, je vais payer ta part.
Il prend le billet déposé par l'aîné et dépose sur le cercueil un chèque de 3 000 €, ajoutant :
– Père, que ta volonté soit faite. Amen. »

Une jeune fille se confesse à un Père jésuite.
« J'ai embrassé un prêtre.
- Un prêtre diocésain?
- Non.
- Un franciscain?
- Non. Un jésuite.
Petit silence, puis :
- Eh, eh, la petite gourmande! »

Un augustin, un franciscain et un jésuite meurent et vont au ciel.
Jésus pose à chacun la même question :
« Si vous pouviez retourner sur terre,
qu'est-ce que vous entreprendriez d'autre dans votre vie?
L'augustin réfléchit un long moment puis déclare :
- Il y a tant de péchés dans le monde!....
Si je pouvais y retourner, j'essaierais de faire en sorte
que moins d'êtres humains commettent de graves péchés.
Le franciscain réfléchit lui aussi puis dit :
- Il y a tant de pauvreté dans le monde!....
Si je pouvais y retourner, j'essaierais de convaincre
le maximum de mes frères humains de partager davantage
avec les plus pauvres.
Le jésuite regarde Jésus droit dans les yeux
et lui répond aussitôt :
- Si je pouvais y retourner, je changerais de médecin. »

Un jésuite a invité un franciscain à sa table.
Arrive le dessert, un superbe gâteau,
qui se trouve déjà coupé en deux parts,
l'une bien plus grosse que l'autre.
Le jésuite se sert en premier
et prend le plus gros morceau.
Le franciscain s'offusque :
« Saint François d'Assise nous a appris
que nous devons toujours prendre le morceau
le plus petit !
Alors le jésuite :
- Et alors ? N'est-ce pas précisément
ce que vous recevez ? »

Un bénédictin, un chartreux et un jésuite
achèvent un succulent repas, et bien arrosé.
Entre le dessert et le café, ils s'amusent à mettre en valeur
chacun un trait caractéristique de leur congrégation
qui fait sa réputation et dont ils peuvent être fiers.
« Nous, les bénédictins, nous avons la Bénédictine !
lance le bénédictin
- Nous, les chartreux, nous avons la Chartreuse !
riposte le chartreux
Alors, le jésuite :
- Nous, les jésuites, nous ne nous laissons pas mettre en bouteille. »

« Hier, raconte un jésuite,
juste devant ma porte
un taxi vide s'est arrêté,
et il en est sorti un dominicain... »

Les noms des ordres religieux dans l'Église catholique sont universellement connus en latin, chacun avec son abréviation, ainsi par exemple : O.P. pour « Ordo Praedicatorum », signifie « Ordre des [frères] prêcheurs » ; O.S.B. pour « Ordo Sancti Benedicti », désigne les Bénédictins. Mais dans le milieu certains sobriquets circulent plaisamment : O.P. ? « On parle ». O.S.B. ? « On se balade ».

Véridique

Extrait d'une homélie donnée au XVIIe siècle
par un célèbre prédicateur de l'ordre des Augustins,
le petit Père André :
« Admirable effet de la Providence divine, mes frères,
la foudre est tombée dans l'église des Cordeliers[1],
et aucun d'entre eux ne fut blessé.
S'il était tombé dans la cuisine, pas un n'aurait réchappé. »

Lancée dans une grande conversation
avec un jésuite, une dame lui demande tout de go :
« Dites-moi franchement :
est-ce que c'est vrai qu'on ne reçoit jamais
d'un jésuite une réponse claire et nette ?
- Ben... oui et non... »

Un jésuite se rend dans une ville qui lui est encore inconnue. Débarqué à la gare, il avise un franciscain :
« Mon Révérend, pourriez-vous, je vous prie, m'indiquer comment je peux parvenir à la maison locale jésuite ?

1. Nom ancien des Franciscains

Le franciscain prend un visage sombre :
– Je crains, mon Père, que ce soit pour vous très difficile de parvenir à la trouver… Car, voyez-vous, pour y arriver… c'est tout droit ! »

Au Ciel, les trois célèbres fondateurs d'ordres religieux au Moyen-âge et à la Renaissance que sont François d'Assise, Dominique Guzman et Ignace de Loyola se chamaillent encore une fois pour établir lesquels de leurs successeurs respectifs sont les meilleurs de tous les trois : les franciscains, les dominicains ou les jésuites.
Agacé par leurs discussions interminables, saint Pierre leur adresse la proposition suivante :
« Et si vous descendiez sur terre pour voir par vous-mêmes ce qu'il en est aujourd'hui des membres des trois familles ?
Ils trouvent l'idée excellente et se fixent rendez-vous quelque temps après que chacun aura mené l'inspection de ses troupes.
À nouveau réunis, saint François prend la parole :
- Je suis bien triste. Toute ma vie j'avais observé la plus stricte pauvreté que recommande Jésus et j'en avais fait une règle absolue pour mes frères. Alors quand je vois qu'aujourd'hui les franciscains baignent dans le confort, j'ai bel et bien perdu mon pari !
Saint Dominique raconte à son tour :
- Je n'ai pas eu plus de bonheur à visiter mes frères dominicains. Quand je pense que je leur avais donné le nom de « frères prêcheurs » pour qu'ils annoncent avec art et ardeur la vérité tout entière de la Parole de Dieu comme je m'y suis employé jusqu'à ma mort ! Tenez, je n'ose même pas vous rapporter les fadaises et les platitudes que j'ai entendues pendant leurs sermons. Moi aussi, j'ai vraiment perdu mon pari !
Alors intervient saint Ignace, tout content, tout hilare :
- Eh bien je suis ravi, ravi : ils sont toujours aussi filous qu'aux débuts ! »

Un franciscain frappe à la porte du Paradis mais voilà : saint Pierre est débordé de travail :
« Attends une seconde, je suis sur le point d'accueillir un cardinal!
Arrive peu après un dominicain, et saint Pierre lui dit la même chose.
Les voilà donc, tous les deux, résignés, qui attendent sur les marches.
Soudain, un jésuite les rejoint, s'enquiert et, à peine entendue leur réponse, ni une, ni deux, prend chacun des deux par le bras et, à peine saint Pierre a t-il entrouvert la porte, se rue à l'intérieur en s'écriant :
– Les bagages de son Éminence! »

Un jésuite, un dominicain et un capucin sont les seuls rescapés
d'un naufrage. Les voilà seuls sur une île déserte.
Le jésuite et le dominicain entretiennent d'interminables disputes
théologiques de haut vol auxquelles le pauvre capucin ne comprend goutte.
S'éloignant d'eux un moment et se promenant dans les parages,
il met la main sur une étrange lampe à huile qui se révèle avoir
les mêmes pouvoirs que celle d'Aladin, à la différence près
que c'est un ange qui apparaît quand on la frotte
et qui annonce aux trois religieux :
« Prononcez chacun un vœu, et je vous promets de l'exaucer.
Le jésuite avoue qu'il aimerait donner des cours
dans la plus prestigieuse université du monde, et hop! Il disparaît.
Le dominicain avoue qu'il aimerait prêcher dans la plus grande église
du monde et la plus fréquentée par le beau linge, et hop! Il disparaît.
Et quand l'ange interroge à son tour le capucin,
celui-ci lui répond tout ravi :
– Eh bien, c'est fait : voilà mon vœu exaucé! »

Un jésuite et un franciscain se retrouvent par hasard dans une gare sur un banc de salle d'attente. C'est l'été, une canicule sévère s'est abattue le matin sur la ville et, comble de malchance, la climatisation de la gare est en panne ! Le jésuite et le franciscain, l'un dans son chic costume trois pièces avec col romain, l'autre vêtu de l'habit traditionnel des fils de saint François d'Assise – épaisse bure marron et sa cordelette – s'épongent chacun abondamment le front. Soudain, le jésuite prend une décision : il retire sa veste, déboutonne sa chemise, ce qui lui permet de détacher la partie amovible du col, en blanc plastifié (que les esprits malicieux appellent « le joint de culasse »...), pousse un grand soupir de contentement et, tout sourire, se tourne vers le franciscain :
« Ah ! Mon cher frère, je vous plains de tout mon cœur, car voilà ce que vous ne pouvez malheureusement pas faire !
Sans lui répondre, très posément, le franciscain se lève et s'éloigne vers les toilettes. Quelques minutes plus tard, le voilà de retour, portant sur son avant-bras gauche un pantalon plié. Puis, tout aussi benoîtement qu'il s'était absenté, il désigne son pantalon de la main droite en disant :
– Ah mon bien cher Père, je vous plains tout autant car, ça, vous ne pouvez pas le faire ! »

RELIGIEUSES

Affirmation sans réplique
entendue de la part d'une religieuse :
« Le Bon Dieu et moi,
nous faisons toujours ce que je veux ! »

Il a beau être omniscient, il y a trois choses que le Bon Dieu lui-même est infichu de connaître :
- Le nombre exact de congrégations féminines religieuses sur terre
- La somme totale des économies planquées des franciscains
- Ce qu'un jésuite pense *vraiment*.

Une mère abbesse qui a le droit de porter sur elle anneau et croix est horriblement vexée de ce que l'aumônier ne lui baise pas l'anneau comme le font les moniales. En vue de le contraindre à le faire, elle adresse une réclamation à la Sacrée Congrégation des Rites, à Rome.
La réponse qui lui parvient est ainsi tournée : « *Oscula ne dentur, sed facienda est media inclinatio tamquamas reliquias* », qu'on peut ainsi traduire du latin : « Pas de baiser, mais qu'il soit procédé à une légère inclination du buste comme devant de vieilles reliques. »

Les Missionnaires

Un missionnaire arrive dans un village tout au fond de la jungle juste au moment où le sorcier se met à taper furieusement sur son tam-tam. Très intrigué, il lui fait demander ce qui se passe.
« Ce qui se passe ? répond le sorcier. Nous n'avons pas d'eau.
- Et donc vous demandez à Dieu d'envoyer la pluie ?
- Pas du tout ! J'envoie chercher le plombier ! »

En Afrique, un missionnaire visite les malades dans un village reculé de la brousse. Il trouve dans une case un jeune Noir couché avec de la fièvre. Il l'ausculte, lui donne un comprimé et dit :
« Toi pas avoir peur, toi bientôt bonne santé
et travailler comme éléphant.
- Comique, tout ça, réplique le Noir,
puis moi semaine prochaine retourner Sorbonne
et donner beaux cours magistraux de psychosociologie. »

Un missionnaire en déplacement dans la savane tombe nez à nez avec un lion.
Aussitôt, il se jette à genoux et prie avec insistance :
« Mon Dieu, je vous en supplie, inspirez à cette bête sauvage des sentiments humains !
Alors le lion se met à genoux à son tour et lève les yeux au ciel :
– Seigneur, bénis cette nourriture que ta bonté me procure. »

MOINES ET MONIALES

Un moine de l'abbaye est tellement malade qu'il doit s'aliter.
On appelle le médecin de la commune, qui l'ausculte et l'examine.
Puis il déclare au Père Abbé :
« Rien de très grave en définitive. Je lui prescris des médicaments pour faire tomber la fièvre et, avec ça, croyez-moi, d'ici une semaine, il sera totalement remis sur ses genoux ! »

Lors d'un hiver rigoureux, un frère franciscain marche sur une route et entend un faible pépiement.
Il regarde autour de lui et voit, au pied d'une haie,
un tout petit moineau à moitié mort de froid.
Il le prend et le réchauffe dans ses mains.

« Que faire ? s'interroge-t-il. Si je le garde avec moi
et le ramène au couvent, le chat le mangera.
Si je le laisse ici, il va mourir de froid. »
Soudain, une idée lui vient : pour le protéger du gel,
il place l'oisillon dans une bouse de vache fumante,
puis poursuit son chemin tout heureux, l'âme en paix.
L'oisillon se réchauffe et commence à chanter à plein gosier
sa joie d'être encore vivant.
Un renard qui passe par là entend la bouse de vache chanter.
Intrigué, il s'approche, découvre notre moineau et... le croque !
Trois petites moralités :
Quelqu'un qui te met dans la m... ne te veut pas forcément du mal.
Quelqu'un qui t'en sort ne te veut pas forcément du bien.
Quand tu es dans la m..., ferme-la ! »

Un vieux moine maître des novices discute
avec un des novices [apprenti-moine] de l'abbaye.
« De toutes choses nous pouvons tirer une leçon.
Et pas seulement de ce que Dieu a créé, mais aussi
de ce que l'homme lui-même a inventé
nous pouvons retirer un enseignement.
Le novice se récrie avec une moue dubitative :
- Mon Père, comment pouvez-vous être si sûr de cela ?
Tenez, par exemple, que peut bien nous apprendre le télégramme ?
- Que chaque mot compte, et que nous devrons payer.
Mais le novice ne se tient pas pour battu.
- Et le téléphone ?
- Que l'un entend au loin ce que nous disons ici.
- Et le disque dur d'un ordinateur ?
- Que, comme disait Pilate, ce qui est écrit est écrit
et que tout sera conservé pour l'éternité ! »

Un moine se précipite chez le Père abbé.
« Père abbé, Père abbé,
il y a un cambrioleur dans la bibliothèque!
- Ah! Ah! Et... qu'est-ce qu'il est en train de lire? »

On se raconte depuis longtemps cette histoire étonnante dans l'abbaye de ... Chaque année un visiteur frappait à la porte, demandait à parler au Père Abbé et sollicitait la permission d'être accueilli comme hôte un mois durant. Et il remerciait chaque fois la communauté de son hospitalité par un don très généreux. Une seule chose intrigua dès la première fois le Père Abbé : le visiteur inconnu lui demandait à son arrivée une pomme, une ficelle et un piquet de bois. Que pouvait-il bien faire de ces trois objets pendant son séjour? Nul n'en savait rien, pas même le Père Abbé. Tout au plus celui-ci s'était-il risqué à venir de nuit devant la cellule (chambre de moine) où l'hôte était chaque fois logé, et avait-il entendu qu'il en sortait des bruits bizarres, mais il n'avait jamais pu percer le mystère. Ça le travaillait tellement que, quand pour la troisième année consécutive l'homme se présenta à lui et lui redemanda une pomme, une ficelle et un piquet de bois, il n'y tint plus et lui posa la question qui lui brûlait les lèvres :
« Pour l'amour du Ciel, je vous en prie, dites-moi ce que vous faites avec ces trois objets!
– Je veux bien vous le dire, répondit l'autre, mais promettez-moi d'abord que vous ne répéterez à personne ce terrible secret que je vais vous confier. »
Le Père Abbé le promit solennellement, et l'homme lui raconta tout. Il fut très secoué d'apprendre tout ce qui lui fut dévoilé. Mais il était un homme de Dieu, il a bien entendu tenu parole, en sorte que nous ne saurons jamais rien de ce terrible secret...

Des travaux de réparation commencent dans le monastère.
Deux ouvriers maçons se trouvent donc, exceptionnellement, autorisés à franchir la « clôture » pour entrer dans les bâtiments.
Ils sont fortement impressionnés et intimidés à la vue de toiles peintes monumentales qui ornent les murs du parloir.
La moniale qui les accompagne leur explique les sujets des tableaux :
« Tout au fond, c'est une représentation de la Vierge et l'Enfant Jésus.
À droite, la Vierge à Nazareth, à gauche la Vierge et les Mages.
- C'est magnifique, s'extasient les deux hommes.
Quelles belles représentations !
Et celle-là, au-dessus de la porte, la vieille un peu encroûtée, c'est aussi une Vierge ?
- Oh non ! Ça, c'est la Mère supérieure... »

Au début de la visite canonique d'un évêque
à une communauté religieuse,
il est de règle de prier ainsi :
« Gloire au Père, au Fils et au Saint-Esprit ! »
... et à la fin de la visite de conclure ainsi :
« ...Comme c'était au début, maintenant et à jamais, dans les siècles des siècles. Amen », autrement dit : « Tout restera ici comme au bon vieux temps ! »

Solesmes

Véridique

Le 6 novembre 1880, le gouvernement français anticlérical expulse de leur abbaye les moines bénédictins de Solesmes, au diocèse du Mans, qui cèdent d'abord puis reviennent en douce.
22 mars 1882, nouvelle expulsion, qui dure cette fois treize ans.
Mais cela profite aux moines, dont les souffrances subies suscitent à leur retour une foule de vocations. Les novices affluent

dans les murs du vieux prieuré, bien trop petit désormais. Aussi, bravant les menaces persistantes des ennemis de l'Église, le troisième Père abbé de Solesmes décide dès le printemps 1896 de lancer la construction d'un bâtiment de taille colossale en bord de Sarthe. La nouvelle en est reçue par le préfet comme une véritable provocation : les moines n'avaient-ils pas été chassés, sous la Révolution, de leur magnifique abbaye saint-Pierre de la Couture, au Mans, transformée depuis l'Empire en siège de la préfecture du département ?
Mais Dom Delatte, le Père Abbé (1848-1937), tient à rassurer pleinement le haut fonctionnaire :
« Ne vous inquiétez pas, nous construisons les préfectures de l'avenir ! »

Véridique

Ce couple de chrétiens fervents aimait venir de temps à autre prier à l'abbaye de Solesmes et avait appris que des personnes veuves venaient y faire de longues retraites spirituelles.
Un jour l'un d'eux fit à l'autre cette malicieuse confidence :
« Quand l'un de nous deux sera veuf, j'irai à Solesmes ! »

Rapporté comme véridique

Évêque du Mans de 1918 jusqu'à sa mort, en 1959, le cardinal Georges GRENTE (1872-1959) s'était rendu à Solesmes, chez les moniales de l'abbaye bénédictine sainte-Cécile, pour y présider une messe au cours de laquelle une novice allait prononcer ses vœux. En arrivant à Solesmes, la suspension de la voiture avait eu quelques ratés, ce qui fait que le chauffeur décida d'y regarder immédiatement de près tandis que le prélat gagnait l'église abbatiale.

La cérémonie s'annonçait longue, notamment parce que, vers la fin, la nouvelle moniale était autorisée à saluer une dernière fois sa famille, en privé dans la sacristie, avant de regagner l'assemblée. Les embrassades duraient, duraient, au point que le prélat commençait à s'impatienter. Entre-temps son fidèle chauffeur-majordome l'avait rejoint. Son éminence maugréa à mi-voix :

« Mais qu'est-ce qu'elle a donc ?

À quoi l'autre, se croyant interrogé, répondit avec une mine affligée :

– J'crois bien qu'elle est crevée ! »

6

Vaticaneries

POURQUOi DONC LE PAPE EMBRASSE-T-İL LE SOL AUSSİTÔT QU'İL EST DESCENDU DE L'AVİON ?...
ON VOİT QUE VOUS N'AVEZ JAMAİS VOLÉ AVEC ALİTALİA !...
GUÉZOU

Conciles

Lorsque, en 1870, au premier concile du Vatican, fut proclamée comme dogme, dans l'encyclique *Pastor Aeternus* du pape Pie IX, l'infaillibilité des papes, un évêque hostile à cette proclamation donna pour titre au document *Digitus in oculo* (« le doigt dans l'œil »).

Pronostics entendus sur les évolutions à venir de l'Église catholique, à propos de ceux de ses membres qui pourront être autorisés à se réunir et à débattre lors de conciles, ces assemblées mondiales des responsables de l'Église :
au Concile Vatican II, les évêques sont venus, seuls ;
mais à Vatican III, ils viendront avec leur femme ;
et à Vatican IV, elles viendront avec leur mari.

Cardinaux

Un prédicateur s'adressant aux cardinaux
à qui il prêchait une retraite au Vatican,
s'enflamma soudain, très sévère :
« ... et au Ciel, sachons-le bien, il y aura plus
de prostituées que de cardinaux !
Alors on entendit une petite voix dans l'assemblée :
- Oui, mais sur terre aussi... »

Un jour, sur le seuil du bâtiment où siègent les membres de l'Académie Française, une jeune femme accoste le cardinal Jean-Marie Lustiger [1926-2007] qui sortait d'une séance de l'Académie, et sollicite de lui cinq autographes.
« Volontiers mais... pourquoi en désirez-vous cinq ?
- C'est que, avoue-t-elle en rougissant,
je pourrais en échanger cinq contre un de Johnny Halliday. »

Véridique

La scène s'est déroulée dans une rue de Paris au temps où son archevêque était le cardinal Jean Verdier (1864-1940). Son chauffeur le conduisait à une réunion en grande tenue (soutane et calotte vermillon) et, comme il était en retard, conduisait vite, au point de faire une queue de poisson à une automobile qui le précédait. Furieux, le chauffeur de celle-ci, amorce un dépassement de la voiture cardinalice, baisse la vitre à la hauteur de son chauffeur et lui lance :
« C'est pas une raison, quand on transporte une écrevisse, de faire des queues de poisson !
Le chauffeur du cardinal riposte aussitôt :
– Tu sais ce qu'elle te dit, l'écrevisse ? Eh bien, elle te dit : « M… ! »
Et, se penchant vers l'arrière, avec onctuosité :
– N'est-ce pas, Éminence ? »

Nicolas dit « Cornelio » Musso (1511-1574),
natif de Plaisance, frère franciscain
devenu évêque de Bitonte, prédicateur
de grand talent, était allé faire sa cour
au pape Paul III pour devenir cardinal.
Le pape lui ayant dit :
« On m'a averti que vous étiez bâtard,
il répliqua :
- Votre Sainteté a fait tant d'ânes cardinaux
qu'elle peut bien faire un cardinal d'un mulet. »

Du cardinal Louis-Marie Billé [1938-2002, évêque de Laval puis archevêque de Lyon]
Bien conscient de sa petite taille il avait coutume de dire :
« Appelez-moi de tous les noms que vous voudrez, sauf un : "votre Grandeur". »

Du cardinal Tomas Spidlik (1919-2019)
Ce cardinal connu pour son humour n'avait pas caché
qu'il désirait vivre jusqu'à 90 ans,
« parce que, à partir de cet âge-là,
il n'y a que peu de gens qui meurent ».

Du cardinal Jules Géraud Saliege [1870-1956, archevêque de Toulouse]
Un jour qu'il visitait des fermiers en compagnie de son coadjuteur,
Mgr Garrone, ce dernier, qui ne connaissait pas grand-chose
au monde rural, interroge le cardinal :
« Eminence, je suis très étonné ; voyez ces deux coqs ;
je croyais qu'il ne pouvait y en avoir qu'un seul par basse-cour.
– Très simple, en fait, c'est exactement comme nous deux :
il y a moi, le coq, et puis vous, le coq adjuteur ! »

De plus en plus diminué par une infirmité
qui l'avait depuis longtemps, cloué en fauteuil roulant,
le malheureux cardinal ne pouvait plus contrôler toujours
son système urinaire, ce qui l'amenait,
quand l'incident se produisait en présence de son coadjuteur,
à lancer à celui-ci :
« Épongez, Garrone ; après tout, les fleuves, ça vous connaît ! »

Une haute personnalité politique française de la IVe République
venait de décéder, pour laquelle un solennel service religieux
était prévu dans la cathédrale de Toulouse. La veille, Saliège
et son coadjuteur inspectent les lieux et passent devant les grandes
et lourdes tentures noires qu'on avait suspendues aux murs de la nef,
selon l'usage liturgique d'avant le concile Vatican II.
« Brrrr.... frissonne Mgr Garrone. Je ne voudrais pour rien au monde
de ces ornements sinistres pour mes funérailles.
Alors le vieux cardinal de lui répondre d'un trait :
– J'y veillerai ! »

« Le cardinal Saliège s'occupe de tous les chrétiens de Toulouse et de la Haute-Garonne. Il est habillé tout en rouge et il peut voter pour nommer un Pape[1]. »

Du cardinal François MARTY [1904-1994]
Arriver de Reims à Paris en plein « mai 1968 »
parce qu'on vient d'être nommé archevêque du diocèse
de la capitale de la France d'où partait et se diffusait alors
une révolte contre la plupart des institutions en place, y compris l'Église,
n'allait pas rendre facile la tâche pour le nouveau pasteur.
Toutes sortes de défis se présentaient devant lui, notamment
des accusations et des revendications qui remettaient en cause
la foi bimillénaire des chrétiens. Aussi, quand une question
« peau-de-banane » lui était lancée en public, il arrivait
à François Marty de l'écouter très posément, de marquer un long silence
de réflexion puis de déclarer en hochant lentement la tête :
« Eh ! C'est une question que je me suis aussi posée bien des fois... »

Reçu un jour en audience par la reine Elisabeth II,
reine de Grande-Bretagne et d'Irlande et protectrice
du Commonwealth, l'archevêque de Paris
ne se montra nullement intimidé par les ors du grand salon,
l'étiquette royale et le maintien aristocratique de la souveraine.
Il en vint très vite à prendre des nouvelles de la famille royale
et aurait même glissé en confidence, avec cet accent rocailleux
de l'Aveyron qu'il avait eu la sage habileté de conserver
et entretenir de siège épiscopal en siège épiscopal :
« Et votre grand Charles ?...
J'ai appris qu'il vous cause bien des soucis, non ?... »

1. Albert Lanquetin, *Vivre en chrétien au village*, cours préparatoire, Paris, Les Éditions Ouvrières, 1948

PAPES

Un jour le pape dit à son chauffeur :
« J'en ai assez de me faire toujours conduire. Tenez, pour changer, aujourd'hui, c'est moi qui serai au volant!
Et, malgré les résistances de celui-ci, le chauffeur échange sa place avec le pape et s'installe sur la confortable banquette arrière.
– Votre Sainteté, soyez prudent!
– Pas d'inquiétude, le Seigneur roule avec nous!
Et le pape, tout joyeux, de démarrer sur les chapeaux de roues et de rouler de plus en plus vite dans les rues de Rome, puis sur l'autoroute de Castelgandolfo : 120 km/h, 140, 160 …
– Votre Sainteté! supplie son chauffeur
– Ayez confiance, mon enfant, le Seigneur est avec nous!
180, 200, 220 km/h
– Youpee! jubile le pape
La police de l'autoroute prend en chasse le bolide et lui intime l'ordre de s'arrêter.
– Vos papiers!
Le pape lui remet ses papiers.
Le carabinier se rend un peu à l'écart et appelle le grand chef :
– Chef, vous ne me croirez jamais si je vous dis qui je viens de prendre en flagrant délit!
– Quelqu'un de haut placé?
– Oh oui!
– Vous voulez dire un ministre?
– Oh! Plus haut que ça!
– Le… premier ministre?
– Oh! Plus haut encore!
– Ne me dites pas que c'est le président de la république?
– Oh non! Bien plus haut!
– Et pourquoi pas le pape, pendant que vous y êtes?
– Tout juste encore plus haut! Car c'est le pape qui est son chauffeur! »

Perles du « caté » :
« Les papes sont les enfants
que Jésus a faits avec saint Pierre. »
« Le pape est sûrement plus jeune
que Jésus car il n'est pas encore mort. »

M. le Curé explique aux enfants
qu'ils doivent prendre pour modèle leur saint patron.
« Et qui était au juste mon saint patron ? demande le petit Grégoire
- Ce fut un grand, un très grand pape.
- Ah bon ? Alors, dans ce cas, moi aussi je serai pape. »

Véridique

Premier signe d'Alzheimer détecté chez un prêtre,
au moment où, à la messe, il abordait la prière pour le pape,
à l'époque Jean-Paul II :
« Prions pour notre pape Frédéric-Guillaume II... »

Rapporté comme véridique

En 1965, le pape Paul VI
se rendit en pèlerinage en Terre Sainte.
En le voyant passer à Jérusalem
dans une belle voiture blanche,
un vieil homme s'écria :
« Dire qu'ils ont commencé avec un petit âne !... »

Véridique

Le pape Léon XIII avait été élu en 1878 déjà âgé de 68 ans. Et il jouissait d'une si belle santé que les années passaient et que bien des cardinaux aussi vieux que lui perdaient espoir d'exercer de leur vivant leur pouvoir d'élection d'un successeur. « Nous avons élu un saint-Père, se lamentaient-ils, pas un Père éternel ! »

Le même venait justement de fêter ses 90 ans,
et un cardinal crut bon de le féliciter avec cette flatterie :
« Très Saint-Père, je prie pour que vous deveniez centenaire.
À quoi Léon XIII répondit :
- Comment cela, centenaire ?
Monsieur le cardinal, nous ne voulons imposer
aucune limite à la divine Providence ! »

Véridique

Entendu dans la rue à Rome
pendant les longues années
du pontificat de Jean-Paul II :
« Pourquoi donc ont-ils choisi un polonais
comme pape ?
- Parce que le polonais, ça dure ! »

Sur les toutes dernières années de ce long pontificat (1978-2005), alors que Jean-Paul II était de plus en plus affecté par la maladie de Parkinson, un Italien apostropha ainsi des pèlerins polonais qui ne juraient que par leur compatriote :
« Minute, minute, vous parlez de sauveur mais il y a une sacrée différence entre le Messie et le pape actuel : le premier ne veut toujours pas venir et le second ne veut toujours pas partir ! »

RONCALLIA (MOTS PRÊTÉS À ANGELO RONCALLI (1881-1963), DEVENU LE PAPE JEAN XXIII, DÉCLARÉ SAINT EN 2014)

Un jour que, nonce à Paris (un nonce est en quelque sorte l'ambassadeur du pape, comme chef de l'État du Vatican), Angelo Roncalli était invité à une soirée entre diplomates, il aborda l'ambassadeur de l'URSS (Union des Républiques Socialistes Soviétiques), un pays dont le régime politique était ouvertement athée, et dit très rondement à cet homme qui, comme lui, au physique, ne manquait pas de rondeurs : « Monsieur l'ambassadeur, certes, nous ne sommes pas de la même paroisse mais c'est un plaisir pour moi de constater que nous sommes du même arrondissement ! »

De même, invité par les membres de l'Académie française, il fit ce commentaire à la sortie de la grande salle des séances des 40 immortels : « Les banquettes sont bien étroites : elles ne permettent de s'asseoir qu'à un demi-nonce ! »

Après avoir été nonce et juste avant d'être élu pape, Angelo Roncalli fut un certain temps évêque-patriarche de Venise. À l'occasion d'une grande réception, il eut un entretien avec un homme richissime. À un certain point de leur discussion, Roncalli glissa au milliardaire cette remarque : « Nous avons tous les deux quelque chose en commun, à savoir l'argent. Vous, vous en avez trop et moi trop peu. La différence entre nous deux, c'est seulement que moi, l'argent ne m'accable pas. »

Également à l'époque où il était archevêque du diocèse de Venise, il reçut une courte visite du cardinal polonais Wyszynski, courte parce que le train qu'avait pris le cardinal ne marquait qu'une heure d'arrêt en gare de Mestre, la station ferroviaire vénitienne. Roncalli voulut faire un plaisir à ce prélat en proie à bien des épreuves dans son pays, où le parti communiste persécutait l'Église : il l'invita à bord d'une gondole pour une promenade sur le Grand Canal. Sans qu'ils s'en rendent compte l'un et l'autre, le temps fila à tire d'aile, jusqu'à ce que le cardinal consulte sa montre et s'écrie, catastrophé :
« Mon Dieu, c'est fichu : mon train est parti !
Alors Angelo Roncalli l'apaisa d'un grand éclat de rire :
– Vous voyez ce monsieur qui est assis lui aussi dans la gondole ? Eh bien, c'est le chef de la gare de Mestre. Je l'ai kidnappé, de sorte que tant qu'il reste près de nous, le train ne peut pas repartir ! »

Élu pape et ayant choisi le nom de Jean XXIII, voici qu'il a reçu la requête d'une audience de la part d'une femme britannique qui a quitté le protestantisme pour le catholicisme. Le Saint-Père lui offre quinze minutes de son précieux temps et, à peine est-elle entrée dans son appartement, l'entend se répandre en un flot ininterrompu de louanges sur la foi catholique. La dame confesse qu'elle a enfin trouvé la voie pour le salut de son âme et en sera pour toujours reconnaissante. Elle se frappe la poitrine et déplore ses errances passées. Il ne reste plus au pape qu'à lancer :
« Croyez-moi pourtant, moi aussi je suis catholique... »

La toute première affaire, juste après son élection, fut de lui trouver l'habit correspondant à sa nouvelle charge, à savoir une soutane blanche... et sur les cinq qu'on cherchait à lui passer, il ne s'en trouvait pas qui fût à sa taille, ou plutôt qui fût accordée à son tour de taille ! Tandis que le personnel affecté à sa garde-robe tournait autour de lui et tirait tant qu'il pouvait sur le tissu, le nouveau pape lança d'un trait :
« Tout le monde veut de moi... sauf les tailleurs ! »

Puis il fallut en passer par la séance des photos officielles puis, tout au long de son pontificat, par les prises de photos surprises de toutes sortes de paparazzis. Jean XXIII montrant telle ou telle de ces photos au cardinal américain Fulton Sheenn, chargé de la télévision vaticane, et eut ce commentaire : « Voyez un peu ! Voilà 77 ans que le bon Dieu savait que je deviendrais pape, ne trouvez-vous pas qu'il aurait pu me faire un peu plus photogénique ? »

Et puis il y eut aussi les déplacements solennels dans la basilique saint-Pierre et sur la place saint-Pierre, qui s'effectuaient alors avec un siège surélevé porté par des employés du Vatican : la « sedia gestatoria », comme on l'appelait.
Ça n'était vraiment pas du goût du nouveau pape, de se laisser transporter de la sorte. Aussitôt après sa première expérience du véhicule il s'enquit du salaire des porteurs.
Sa requête affligea beaucoup son entourage, qui lui demanda pourquoi il interrogeait sur de pareilles bagatelles.
Mais c'est que Jean XXIII avait une préoccupation, non sans rapport de comparaison avec son prédécesseur, le maigre et diaphane Pie XII :
« La papauté vient de prendre du poids, ô combien !
Alors, il est juste que ses porteurs touchent une augmentation en proportion avec le surpoids ! »

Toujours en rapport avec son prédécesseur à qui des catholiques allemands avaient offert un couple de canaris, il déclara gravement à son secrétaire, ahuri : « Il n'y a pas à dire, je vais devoir en passer par là et apprendre l'allemand, puisque c'est la seule langue que comprennent ces oiseaux que Pie XII m'a laissés en héritage… »

L'anglais cette fois... Un jour qu'il s'apprêtait à recevoir en audience
l'épouse du président des États-Unis, John Kennedy,
Jean XXIII s'entraîna longuement à concocter une adresse en anglais
pour la « first Lady » :
« Madam... oh non ! Mrs Kennedy...
Mais juste au moment où celle-ci entra dans le salon,
il oublia totalement tout ce qu'il avait préparé et,
s'élançant vers elle, tout sourire :
- Jackie ! »

Jean XXIII se rendait en visite à un ami
hospitalisé à la clinique romaine du Saint-Esprit.
Une religieuse vint au-devant de lui
en se présentant majestueusement :
« Très Saint-Père, je suis très honorée de vous accueillir
en ma qualité de Mère Supérieure du Saint-Esprit !
- Heureuse êtes-vous ! En voilà un beau métier !
Et moi qui ne suis que le serviteur des serviteurs de Dieu... »

Un soir où, nonce à Paris, Giuseppe Roncalli avait été invité
à un grand dîner offert par la Présidence de la République,
ayant pris place à table parmi les convives, il est apostrophé
par la dame assise à sa droite, remarquable non seulement
par les pierreries dont elle était chargée, mais encore
par l'opulente poitrine que laissait entrevoir
le profond décolleté de sa robe :
« Votre Grandeur, regardez donc, je vous prie,
la charmante petite croix en or que mon mari m'a offerte
pour mon anniversaire !
- Je vois, je vois, Madame, cette belle croix,
mais, si je puis me permettre... je vois surtout les deux larrons... »

Peu avant son élection par les cardinaux,
réunis en assemblée qui s'appelle en ce cas un conclave,
Mgr Roncalli se promenait dans une rue de Rome.
Deux femmes le croisent, dont l'une se retourne
puis s'écrie à son amie :
« Mon Dieu, qu'il est gros, celui-là !
Roncalli se retourne alors à son tour et lance :
- Madame, Madame, je vous en prie !
J'espère que vous comprenez bien qu'un conclave
n'est pas tout à fait un concours de beauté... »

Bien connu en effet pour son embonpoint,
il aurait dit un jour :
« Vous savez, je ne fais pas grand-chose :
chaque matin, je me lève et,
le temps que je me retourne,
il est déjà midi ! »

Quelle différence y a-t-il entre Martin Luther
et le pape Jean XXIII ?
Alors qu'il venait d'être excommunié par le pape,
Luther déclara au Parlement allemand réuni à Worms :
« Je me tiens ici, je ne peux pas faire autrement.
Dieu me vienne en aide. »
Jean XXIII, lui, aurait déclaré à l'ouverture
du Concile Vatican II :
« Je suis assis ici, je peux encore faire tout autre chose.
Dieu vous vienne en aide ! »

Un cardinal était venu se plaindre auprès de Jean XXIII de ce qu'une augmentation de salaire d'un petit employé du Vatican (augmentation qu'il venait d'apprendre) signifiait donc qu'un simple domestique au Vatican valait autant qu'un cardinal. Le pape lui fit cette réponse :
« Cet employé à dix enfants. J'espère que ce n'est pas votre cas. »

Le Vatican et ses employés [la Curie]
Monsignore Benignini arrive au ciel.
Il rencontre le Saint-Esprit, qui lui demande son nom.
« Monsignore Benignini.
- Connais pas.
- J'ai pourtant passé ces 15 dernières années de travail au Vatican, dans les bureaux de la Curie ! »
- Jamais mis les pieds là-bas. »

Quand le nouveau pape Jean XXIII
demanda au chef du personnel :
« Combien de personnes travaillent au Vatican ? »
celui-ci lui aurait répondu :
- Environ la moitié. »

« S.P.Q.R », ces quatre lettres qui figuraient sur les enseignes des légions romaines signifiaient :
« Senatus PopulusQue Romanus » [« le Sénat et le Peuple Romain »],
mais Astérix et Obélix étant passés par là avec leur :
« Ils sont fous, ces Romains ! »,
les quatre lettres peuvent être ainsi interprétées en italien :
« Sono Pazzi Quei Romani ».

« S.C.V », écrit sur les plaques minéralogiques de certains véhicules
à Rome veut dire officiellement : « Stato Città del Vaticano »
... mais aussi, à ce qui se dit malicieusement en italien :
« Se Cristo vedesse !....» « Si le Christ voyait ça !... »

Les représentants diplomatiques du pape à l'étranger
ne sont pas appelés ambassadeurs comme pour les autres états
du monde, mais ont droit au titre de nonces apostoliques,
déformé par les plaisantins en « monstres apostoliques »...

Vicariat général

Un beau matin on trouva sur le perron
de la porte principale du vicariat général
(services administratifs)
d'un diocèse d'Allemagne...
un nouveau-né.
Émotion considérable !
Bien entendu, une enquête très approfondie
est rondement menée, avec la conclusion suivante :
l'arrivée de cet enfant ne peut *en aucun cas*
être attribuée au vicariat général car :

1. on n'y a jamais rien fait par plaisir
et par amour

2. on n'y a jamais mené à terme quoi que ce soit
qui ait tête et jambes

3. on n'y a jamais vu quoi que ce soit d'abouti
en neuf mois.

7

Les quêtes

UNE CÉRÉMONIE RELIGIEUSE POUR ENTERRER UN CHIEN ??!...
C'EST HORS DE QUESTION N'INSISTEZ PAS !!
C'ÉTAIT UN CHIEN DE RACE. JE PAIERAI CE QU'IL FAUT... DEUX MILLE EUROS, ÇA IRAIT ?
DEUX MILLE EUROS, VOUS DITES ?! QUELLE RACE, AU JUSTE ?
BERGER DES PYRÉNÉES...DE LOURDES, QUOI !
AH, DE LOURDES ? ALORS, LÀ, ÇA CHANGE TOUT : C'EST BIEN SÛR D'ACCORD !
GUÉZOU

Contrat spécial

Ils étaient deux frères dans le village, aucun pour racheter l'autre tellement tous les deux rivalisaient de méchanceté et de bêtise dans leur conduite envers les autres. Mais à côté de ça, la messe tous les dimanches et autres fêtes carillonnées comme pour se prémunir de l'enfer qu'ils méritaient tous les autres jours de la semaine.
L'un d'eux étant mort, son frère vient trouver le prêtre la veille des funérailles :
« Je vais vous payer les travaux que vous réclamez pour assainir votre maison si humide, mais à une seule condition : que demain vous disiez haut et fort que mon frère était un saint homme. Tenez, signez ce contrat… très bien… et voici le chèque
Chèque que M. le Curé encaisse avant le soir.
Puis arrive la cérémonie des funérailles. Le prêtre entame l'éloge funèbre du défunt :
– Cet homme aura beaucoup à se faire pardonner pour espérer entrer au paradis. Comme chacun le sait ici, il était menteur, calomniateur, voleur, coureur de jupons, violent, glouton. Et la liste continue un bon bout de temps, jusqu'à ce mot final :
–… mais, comparé à son frère, c'était vraiment un saint. »

Contrats commerciaux

Le négociateur de marchés d'une grosse chaîne de fast-food demande et obtient un rendez-vous au Vatican auprès des services financiers de l'Église catholique. Il offre un million de dollars pour que soit changée une phrase de la prière du Notre Père, à savoir la requête adressée à Dieu « Donne-nous notre pain de ce jour » modifiée ainsi : « Donne-nous aujourd'hui notre hamburger de ce jour. »
Ahurissement et hochements de têtes scandalisés dans les locaux de la direction des services financiers. Le négociateur insiste. Il offre deux millions, puis trois. On lui résiste héroïquement. Mais quand il lâche

qu'il est prêt à aller jusqu'à dix millions, le directeur général prend son téléphone personnel et appelle directement le pape :
« Très Saint-Père, dites-moi, je vous prie : à quelle date prend fin notre contrat d'exclusivité avec la boulangerie ? »

Corruption

La veille de son mariage, le fiancé glisse à l'oreille du prêtre :
« Tenez, voici un billet de 500 euros pour vos bonnes œuvres.
En échange, merci de vous abstenir de me demander,
pendant la cérémonie, de promettre "d'honorer, respecter mon épouse et lui être fidèle jusqu'à la mort" et tout le tintouin.
Le prêtre prend le billet et s'en va sans répondre.
Le fiancé jubile intérieurement...
Arrive le mariage et le moment fatidique.
M. le curé fixe le garçon droit dans les yeux :
- Promettez-vous d'honorer votre épouse jour et nuit, petit-déjeuner au lit compris, de lui être soumis 24 heures sur 24 et de jurer devant Dieu et nous tous, ici présents, que dorénavant vous ne regardez plus jamais d'autre femme ?
Ahuri, estomaqué, le jeune homme blêmit, rougit,
jette des yeux effarés tout autour de lui puis lâche dans un souffle :
- Oui...
À la fin de la célébration, il va droit au prêtre et lui lance :
- On avait passé un marché !
Alors l'autre lui rend discrètement le billet de 500 euros et lui murmure à l'oreille :
- Elle m'a fait une meilleure offre... »

Le fameux De(r)nier du culte

Véridique

Une année, la campagne pour le Denier de l'Église
dans plusieurs diocèses de France
fut menée tambour battant avec, sur les affiches,
affichettes et tracts cette simple sommation
fort peu divine :
« Donnez, que diable ! »

Dette divine

Il se raconte dans les Cantons que, lorsque Dieu eut créé le premier Suisse, il lui demanda s'il avait un souhait à formuler.
« Oui, répondit le Suisse, j'aimerais bien des montagnes et des sommets neigeux et de verts pâturages…
Alors Dieu créa pour le Suisse des montagnes et des sommets neigeux et de verts pâturages.
– Es-tu content à présent ?
– Nan, répondit le Suisse.
– Qu'est-ce que tu veux donc encore ?
– Sur les pâturages, je voudrais des vaches, et qui donnent du bon lait…
Alors Dieu créa pour le Suisse des vaches, et qui donnent du bon lait.
– Es-tu content du lait ?
– Oui, répondit le Suisse. Veux-tu y goûter ?
– Volontiers, dit Dieu, et il se fit servir un bol de lait.
Il le vida d'un trait et dit :
– Ce lait est vraiment un régal. Veux-tu quelque chose encore ?
– Et comment ! dit le Suisse. Un franc suisse cinquante… »

DONS

Une paroissienne très âgée vient consulter M. le curé :
« Je sens bien que je n'en ai plus pour longtemps, je regarde ma vie passée... et j'ai peur de ne pas me faire pardonner par Dieu tous mes péchés.
Dites-moi : si je fais un don de 10 000 euros à la paroisse, aurai-je droit au Paradis ?
- Je ne peux pas vous l'assurer à cent pour cent, mais qui sait ? Tentez toujours, ça pourrait bien être le mieux que vous ayez à faire... »

APPEL À DONS

« Dimanche prochain,
à la sortie de l'église,
une collecte exceptionnelle sera réalisée
pour payer le nouveau tapis
que la paroisse vient d'acheter
pour le coin-prière.
Tous ceux et toutes celles
qui veulent faire quelque chose
sur le tapis sont priés de venir chercher
une feuille de papier. »

LES QUÊTES

Le samedi soir, M. le Curé demande à son vicaire sur quel thème il compte prêcher le lendemain.
« Eh bien, quand je pense à tout le gaspillage que nous commettons tous les jours, j'ai pensé à leur parler d'une grande vertu : l'économie.
– Fort bien, mais en ce cas, nous ferons faire la quête *avant* ton sermon. »

C'est un curé qui vient tout juste d'être nommé
dans une paroisse de la Beauce, terre fertile, ô combien !
Le premier dimanche où il célèbre la messe,
voici le petit discours qu'il tient à ses nouveaux paroissiens
à la fin de l'office :
« Mes frères, quand, avant la messe,
j'ai vu vos belles voitures sur la grand'place,
et vous, mes sœurs, vos grands chapeaux
et vos belles toilettes, je me suis demandé :
"Où sont les pauvres ?"
Mais depuis que j'ai vu revenir les corbeilles de la quête,
je me demande : "Où sont les riches ?" »

Deux amis, un auvergnat et un écossais,
se retrouvent un dimanche à l'église.
Au moment où la quête va commencer,
l'écossais se tourne vers l'auvergnat et lui lance :
« Je te parie que je donnerai moins que toi !
- Pari tenu ! lui répond l'autre.
Quand le quêteur se présente à eux,
l'écossais fouille dans son porte-monnaie
et en extrait une pièce d'un centime
qu'il dépose religieusement dans la corbeille...
puis se tourne, goguenard, vers son voisin.
Mais l'auvergnat, sans se démonter, lance au quêteur :
- C'est pour les deux ! »

Trois amis, un pasteur protestant,
un prêtre catholique et un rabbin
se retrouvent un soir chez l'un d'eux
et discutent de leurs pratiques.
« Quelle part des quêtes gardez-vous pour vous ?
demande le rabbin

– Très simple, répond le pasteur.
Je trace une ligne sur le sol. Je lance en l'air le produit de la quête,
tout ce qui tombe à droite est pour le Seigneur et ses œuvres,
et tout ce qui tombe à gauche est pour moi.
– Un peu pareil de mon côté, raconte le prêtre.
Je trace un grand cercle. Je lance en l'air.
Tout ce qui tombe dans le cercle est pour le Bon Dieu
et ses œuvres, le reste est pour moi.
– Encore plus simple, ma méthode, dit le rabbin.
Rien à tracer. Je lance. Tout ce qui reste en l'air
est pour le Très-Haut, seulement ce qui retombe me revient. »

Cette petite paroisse d'Écosse accueille son nouveau curé
au cours d'un office. Le moment de la quête arrivé,
celui-ci remet une corbeille au quêteur.
Elle lui revient aussi vide qu'au départ.
Alors il se tourne vers l'autel, fait une profonde génuflexion
et murmure : « Mon Dieu, je te remercie du fond du cœur
de ce qu'au moins la corbeille est revenue ! »

En voyant revenir de la quête des corbeilles
remplies de petites pièces de monnaie,
M. le curé fait à l'assemblée ce simple commentaire :
« Mes bien chers frères, j'ai toujours dit et redit
que les pauvres sont les bienvenus dans l'église.
Oui, ils seront toujours les très bienvenus.
Et à ce que je vois, aujourd'hui, ils sont tous venus. »

Un prêtre a été convié à célébrer la messe dans un camp de nudistes.
On l'interroge à la fin de la cérémonie.
« Alors, mon Père, quelle impression ça vous a fait
de vous trouver ainsi devant 500 personnes toutes nues ?
– J'avoue que j'étais inquiet.
– Et de quoi ?

– Eh bien je me demandais d'où tout ce beau monde allait sortir l'argent pour le moment de la quête. »

Véridique

Le soir du Vendredi Saint, au cours d'un office, les catholiques sont invités à venir vénérer la Croix du Christ en embrassant un crucifix qui leur est présenté. Dans une paroisse, il était d'usage de venir en même temps déposer une offrande pour la quête.
Une grosse dame se retrouva tout embarrassée au moment où ce fut son tour de se présenter devant le vieux chanoine, qui lui présentait un crucifix, et le servant de messe qui tenait la corbeille de la quête, ne sachant pas du tout par où commencer.
Alors le chanoine de lâcher :
« Baisez d'abord, vous paierez ensuite ! »

Revenus

Au Liban, le célibat n'est pas imposé aux prêtres de rite maronite, de sorte que des jeunes hommes mariés peuvent être admis, après leur mariage, dans le clergé. L'un d'eux, qui s'était porté candidat pour devenir prêtre, fait le point avec son épouse :
« L'économe du diocèse m'a dit que, si je deviens curé de paroisse, mon salaire sera [on convertit ici en euros] de 1500 € par mois.
Mais pourras-tu vivre de ça ?
– Moi, oui. Mais toi, de quoi vivras-tu ? »

Trois enfants discutent entre eux sur les mérites de leur oncle respectif.
Sébastien : « Mon oncle est directeur de banque.
Il lui suffit d'une heure à son bureau, il a déjà gagné 150 euros. »
Alexandre : « Eh bien, moi, mon oncle, il est avocat.

Il lui suffit de faire un discours d'une demi-heure,
il a déjà gagné 250 euros.
Augustin : « C'est rien, tout ça. Mon oncle à moi, il est prêtre.
Eh bien, il lui suffit de parler une seule fois par semaine
et seulement dix minutes devant les gens,
il lui faut ensuite quatre personnes pour ramasser l'argent ! »

TRONCS

Véridique

Affiché dans une église près du tronc des cierges :
« Merci de ne pas oublier de verser l'offrande
exacte de votre cierge ou de votre lumignon
dans le tronc situé à votre gauche…
… sinon quelle valeur aurait
votre intention de prière !!! »

Ajouté en dessous par une main anonyme :
« La valeur d'une prière ne se monnaye pas,
M. le Curé !!! »

Ajouté au-dessous d'au-dessous
par la main de M. le Curé :
« Certes, mais le groupe des apôtres
ne vivait pas de l'air du temps !
L'Église non plus… »

La décision a été prise de construire une nouvelle église dans ce quartier de banlieue. Mais pas d'église sans de l'argent pour financer la construction. M. le curé n'y va donc pas par quatre chemins au début de la réunion du Conseil paroissial pour les affaires économiques :
« Eh bien mes chers amis : nous avons besoin de vingt pour cent pour le terrain, de quatre-vingts pour cent pour la construction et de vingt-cinq pour cent pour les installations intérieures...
- Mais, M. le curé, ça fait en tout cent vingt-cinq pour cent !
- Exact ! répond le prêtre, et c'est pourquoi je compte sur la quête pour rapporter ces vingt-cinq pour cent supplémentaires ! »

Le même ou un autre confrère du temps jadis pensait obtenir une grosse rentrée d'argent en usant d'arguments hautement spirituels, mais non moins répréhensibles moralement, comme il s'y risqua un dimanche à la fin de la messe :
« ... Et pensez-y bien, chers frères et sœurs, qui versera au moins mille francs, s'assurera une très belle place au Ciel !
Mais la promesse ne séduisit personne, et la quête fut des plus maigres. M. le curé s'en plaignit amèrement auprès d'un vieux paroissien en lui demandant quelle pouvait être la cause d'un tel désintérêt.
- Ben, voyez-vous, M. le curé, pour tout vous dire franchement, les gens préfèrent attendre un peu que les tarifs du paradis baissent... et puis aussi, y a pas encore urgence pour y aller ! »

Voilà plusieurs jours que ces rescapés d'un naufrage dérivent sur un radeau en plein océan sans le moindre signe de navire en vue. Ils ont épuisé leurs dernières réserves d'eau et de nourriture. L'un d'eux s'écrie fiévreusement :
« Au point où nous en sommes, il ne nous reste plus qu'une seule chose à faire : nous mettre à genoux et prier...

- Me mettre à genoux pour prier, c'est hors de question, répond l'un d'eux. Je suis juif.
- D'accord mais nous, les autres, on est tous chrétiens, alors fais un petit effort pour le salut de tous. Sois solidaire, allez, un petit geste catholique avec nous !
- Un petit geste catholique ? Bon, ça va, je vois, je peux le faire...
Et il se met à faire la quête... »

Un père et son fils vont à la messe un dimanche. Le père a beaucoup insisté pour que l'ado l'accompagne, lui qui ne fréquente plus guère les églises depuis sa profession de foi. Le garçon a fini par accepter, juste pour faire plaisir à son père.

À la sortie de l'église, le père ne mâche pas ses mots :

« Je regrette bien que ce soit aujourd'hui que tu sois venu à la messe. Franchement, ce dimanche, les chants étaient nuls, la musique aussi et le sermon mortel. Pas d'accord ?

– Bof… Tu sais, pour un euro que tu as mis à la quête, moi, je trouve que c'était pas si mal que ça… »

8

Sacrés sacrements, sacrées prières

BONJOUR, ÇA ME FAIT PLAISIR DE VOUS REVOIR. COMMENT ÇA SE FAIT QU'ON NE VOUS VOIT PLUS À L'ÉGLISE ?
C'EST QU'IL Y A BIEN TROP D'HYPOCRITES QUI VONT À LA MESSE.
OH... ALORS, SI ÇA N'EST QUE ÇA, NE VOUS EN FAITES PAS : IL Y AURA TOUJOURS DE LA PLACE POUR UN DE PLUS !
GUÉZOU

Cloches

Véridique

Sur le point de procéder solennellement à la bénédiction d'une nouvelle cloche, M. le Curé avait bien insisté sur le fait que l'église n'est rien sans l'Église, la grande famille des baptisés, que les cloches appellent à se réunir le dimanche.
« Ainsi, chers frères et sœurs, chaque fois que vous entendrez sonner cette nouvelle cloche, rappelez-vous bien que vous êtes de la famille ! »

Extrait d'une rédaction d'élève

Véridique

« Dimanche dernier, c'était la fête par chez nous,
dans la commune. L'église avait été décorée pour un grand événement :
nos deux nouvelles cloches ont été bénies.
M. le curé a béni avec plein d'eau,
M. le maire a coupé un cordon avec de gros ciseaux.
Ensuite le curé et le maire ont fait de beaux discours.
Puis on les a pendus. Depuis, c'est beaucoup plus chouette
dans notre village ! »

Bréviaire

Un coup de vent fait voler des pages du bréviaire
que M. le Curé était en train de lire pour sa prière.
« Merci, mon Dieu ! s'écrie-t-il alors.
De moi-même, je n'aurais pas osé
sauter des pages. »

Chemin de croix

Un jour, tandis que M. le Curé présidait un chemin de croix dans l'église, on vint l'avertir qu'une famille le réclamait pour qu'il aille porter de toute urgence l'extrême-onction à l'aïeule qui était sur le point de passer de vie à trépas. Aussitôt, il chargea le sacristain de le remplacer au pied levé et de poursuivre l'animation de la prière jusqu'à son retour, qu'il espérait rapide. Mais la route fut rendue pénible à cause d'une pluie persistante, la famille habitait une maison tout à l'autre bout de la paroisse et, en plus, il dut en chemin réparer une crevaison. Bref, à son retour, la nuit était tombée et c'est avec stupeur qu'il constata que l'église était maintenant tout éclairée de l'intérieur et les portes encore grand ouvertes. S'étant garé sur la place, il entra. Ce fut pour constater que les mêmes participants du chemin de croix étaient toujours là, mais visiblement bien fatigués, certains même avachis dans les bancs. Il entendit alors la voix épuisée du sacristain qui lançait :
« Quarante quatrième station : saint Pierre étrangle le coq… »

Croix

Véridique

Une journaliste commentatrice
des cérémonies du 14 juillet 2015
sur les Champs-Élysées :
« La croix de Lorraine est une croix chrétienne. »

Perle scolaire :
« Jésus a été crustacé sur la croix. »

Véridique

Entendu de la bouche d'une résidente
en maison de retraite lors d'une messe :
« Prions pour c'te pauvre Jésus
qu'a été crucifié entre deux lardons... »

DIMANCHE

Véridique

« Et puis, il faut bien le reconnaître,
M. le Curé :
la messe le dimanche matin,
c'est pas pratique ! »

Véridique

D'un prêtre curé de paroisse :
« J'ai beau réclamer :
l'évêque ne veut pas me donner
mon dimanche ! »

JEÛNE

L'évêque est en train de prendre son petit-déjeuner. Un curé de paroisse se présente dans le vestibule de l'évêché. L'évêque le fait entrer et l'invite à sa table :
« Prenez donc avec moi le petit-déjeuner.
– Merci bien, Monseigneur. Mais, primo, aujourd'hui est jour de jeûne. Et deuzio, je viens de copieusement petit-déjeuner. »

Liturgie

Véridique

Mot d'un supérieur de séminaire
à propos du début de la messe :
« Quand nous nous levons à l'entrée du célébrant…
c'est le corps qui retrouve sa tête. »

Véridique

Ce vieux prêtre, l'âge venant et ses infirmités comme les pertes de mémoire, mais aussi parce que ç'avait toujours été dans son tempérament de ne jamais se biler et de préférer la désinvolture à l'embarras, avait fini par oublier de temps à autre, pendant les messes, comment conclure les oraisons. Il s'en sortait à sa façon en remplaçant le silence par des : « etc., etc., etc. ! » solennels et convaincus, auxquels l'assemblée répondait alors non moins solennellement et « indulgemment » par un vibrant : « Amen ! »

Messes

Véridique

Au cours d'une messe solennelle présidée par un évêque et concélébrée par de nombreux prêtres, toutes les parties chantées, fruit de plusieurs artistes, avaient été prises d'assaut par une chorale et la messe menée tambour battant par des animateurs crevant l'écran. Aussi, à la fin, tandis que les concélébrants regagnaient la sacristie, l'évêque glissa aux prêtres : « Peut-être devrions-nous remercier les compositeurs de cette messe de nous avoir autorisés à dire la prière eucharistique ? »

Des messes aussi pour les jeunes, des messes qui attirent les jeunes ! À force d'entendre cette réclamation, qui provenait souvent moins des jeunes eux-mêmes que de leurs parents qui se lamentaient à force d'admonestations pour traîner à l'église leurs enfants ados et des animateurs de l'aumônerie paroissiale à bout d'arguments pour convaincre ces ados de continuer de venir à la messe, M. le curé, quoique personnellement peu porté sur les musiques modernes, finit par céder et fait venir un orchestre de « rock catho » à qui est confié le soin de captiver le public. Le résultat : une célébration à tout casser, où les chants s'enchaînent sur des rythmes syncopés et à grand renfort de batteries et guitares électroniques.
La messe finie, sur le parvis de l'église, M. le curé et les animateurs vont recueillir le verdict des jeunes :
« Alors ??
– Génial, vraiment génial ! s'écrie un jeune enthousiasmé. Juste un truc quand même…
– Quoi donc ? s'alarme le prêtre.
– Ben, les trucs religieux en plus, ça gênait pas mal… »

Après une messe le curé se rend dans sa brasserie habituelle pour déjeuner.
« Alors, M. le curé, lui demande le serveur, vous avez eu une belle assistance à l'église ce matin ?
- Faible, faible. Personne n'est venu.
- Ah bon !.... Et dimanche dernier ?
- Ah ! Dimanche dernier, ça a été encore un peu plus faible. »

Deux vicaires parlent entre eux de leur expérience des messes pour jeunes.
« Je crois bien que je dois donner plus de feu à mes sermons pour entraîner la jeunesse.
-… À moins que ce soit la méthode inverse qui convienne pour atteindre ce but : donner plus de sermons au feu ? »

Trois dames se lamentent de la diminution du nombre des pratiquants réguliers aux offices.

« Même pour les plus grandes fêtes religieuses de l'année, raconte l'une d'elles, l'église n'est remplie qu'à peine à moitié.

– Ne te plains pas! dit une autre. Chez nous il n'est pas rare que nous ne soyons pas plus d'une quarantaine!

Alors la troisième lève les bras au ciel et s'écrie :

– Vous devriez toutes les deux vous réjouir encore! Dans ma paroisse, chaque fois que M. le curé dit : "Ma communauté chérie", j'en rougis aussitôt! »

Ça s'est passé en Allemagne, et pour rire de l'anecdote, il faudra signaler le malentendu dans les mots même, en allemand donc. Dans la langue allemande, l'adjectif possessif « ihr/ihre » peut signifier aussi bien « leur/s » que « votre/vos » quand on dit « vous » à quelqu'un. Ce jour-là, lors d'une réunion du Conseil paroissial, M. le curé essuie une verte remontrance de plusieurs de ses conseillers :

« Vous voyez bien que la plupart des jeunes de la paroisse ne viennent plus à la messe parce que ça les rase, les vieux cantiques. Ils veulent des chants modernes, dynamiques, des chants d'aujourd'hui. Pourquoi les empêchez-vous de chanter leurs [« ihre »] chants?

- Mais c'est pourtant bien ce que je veux! proteste M. le curé

- ???

- Je veux qu'ils chantent mes chants! »

C'est la première fois de sa vie que ce petit garçon se rend à l'église un dimanche, accompagné par son grand-père. La curiosité l'amène, bien entendu, à tout observer de qui se passe pendant la messe.

Vers la fin, il remarque en particulier que le prêtre, après la communion, essuie soigneusement l'intérieur du calice avec un linge.

Alors il se tourne vers son papy et s'écrie :

« Incroyable! Toujours cette fichue vaisselle à faire! À l'église aussi! »

Ainsi commenta Kevin (5 ans)
sa première messe à sa mère
à la sortie de l'église :
« La musique était vraiment super
mais la pub et les nouvelles
beaucoup trop longues ! »

Un ancien protestant devenu catholique était allé rendre visite à des amis et avait participé avec eux à la messe dimanche, animée par une chorale très improvisée, comme purent en pâtir toutes les oreilles de l'assistance. Ce qui lui fit dire en aparté :
« Comme diraient mes anciens coreligionnaires, ils chantent faux comme la messe… »

Véridique

Les catholiques ont l'habitude de solliciter qu'il soit prié pour un de leurs défunts au cours d'une messe, son nom étant mentionné à haute voix par le prêtre qui la préside. Ils remettent alors un don à cette intention. Un dimanche où deux noms avaient été ainsi mentionnés, une paroissienne vint trouver le curé après l'office, très en colère :
« Madame Martin s'est incrustée dans *ma* messe !
Et d'ajouter aussitôt :
- J'espère au moins qu'elle a payé ! »

L'HOMME AU SOMBRERO

Mexique, un dimanche matin dans un village. Les cloches sonnent à toute volée, appelant les fidèles à la messe. Ceux-ci entrent dans l'église qui est maintenant bien remplie. Entre alors un homme qui s'avance résolument dans la nef, la tête couverte de ces grands chapeaux à larges bords qu'on appelle là-bas des sombreros.

Plusieurs personnes, pensant qu'il a oublié de se découvrir comme c'est la règle pour les hommes, lui font remarquer :
« Senhor, el sombrero…
Mais lui poursuit son chemin toujours résolument et la tête haute.
Des voix fortes s'élèvent, énergiques :
– Senhor, el sombrero !
Aucune réaction : bientôt c'est pour ainsi dire toute l'assemblée qui n'est qu'un cri :
– El sombrero, el sombrero !!
Alors, l'homme gagne d'un pas alerte le pupitre d'animation des chants, s'empare du micro et, soulevant son chapeau, lance :
– Eh bien, à la démande iénérale, yé vais avoir lé plaisir dé vous interpréter "El sombrero" !!! »

Micro

Véridique

Juste avant le début d'une messe,
le cardinal Jean-Marie Lustiger s'avisa de tapoter sur le micro
placé à son siège de présidence pour s'assurer qu'il fonctionnait.
N'obtenant rien, il se tourna un peu de côté et, les bras écartés, lança :
« Je crois qu'il y a un problème avec le micro.
Alors aussitôt la foule :
– Et avec votre esprit ! »

Prières

Sophie est à l'église avec sa maman, en prière devant le tabernacle,
et la prière silencieuse d'adoration dure, dure.
Sophie n'en finit pas de fixer des yeux la lampe rougeoyante
du sanctuaire, puis lâche soudain :
« Dis, maman, quand est-ce que le feu passe au vert ? »

Prières d'adultes :

« Mon Dieu, j'ai tellement confiance en vous que, la plupart du temps, je vous appelle Docteur. »
« Seigneur, si vous ne pouvez pas tout m'accorder tout de suite... disons 50 % maintenant, le solde courant de l'année ? »

Prière d'enfant :

« Cher Dieu, est-ce que tu as vraiment voulu dire : "Fais aux autres ce qu'ils t'ont fait" ? Si oui, je vais m'occuper de mon frère ! »

Prière en famille.

Toute la famille réunie achève sa prière du soir, avec le Notre-Père.
« Et délivre du Mal. Amen.
C'est alors que la petite Sophie demande :
– Mais c'est qui, ce méchant "Amen" » ?

Deux naufragés errent depuis plusieurs jours,
dérivant sur un bout de radeau.
Ils n'ont pas de vivres, la réserve d'eau va s'épuiser.
Désespéré, l'un d'eux se met à genoux
et commence à prier de toutes ses forces :
« Mon Dieu, mon Dieu, je te promets que si nous nous en tirons,
nous ne fumerons plus, nous ne boirons plus, nous ne...
- Ça suffit ! hurle l'autre. Il me semble avoir vu un bateau... »

Terrible sécheresse au Texas. Un pasteur a convoqué toute sa paroisse à une assemblée de prière pour supplier Dieu qu'il fasse pleuvoir. Tous sont venus. Le pasteur entre, examine l'assemblée et se met à rouler des yeux furieux. Puis il explose :
« Cette incrédulité de votre part est scandaleuse ! Je tremble pour le salut de vos âmes. Nous voici réunis pour implorer le Seigneur qu'il envoie la pluie ; et pas un d'entre vous n'a eu assez de foi, en vue du retour à la maison, d'emporter avec lui un parapluie ! »

Ça s'est passé au début du siècle dernier, suite à la Séparation de l'Église et de l'État. Une communauté de religieuses expulsées de France trouva refuge en Italie, tout près de la frontière, en sorte qu'un prêtre français venait tous les jours leur présider la messe. Or un jour il tomba malade et fit demander à un prêtre italien de le remplacer. Celui-ci accepta volontiers mais, prévenu au dernier moment, n'eut pas le temps de préparer son sermon. Alors il se dit : « Eh bien je vais leur parler tout simplement de la prière. »

Et il arriva et commença l'office. Mais juste au moment d'en venir au sujet retenu, à savoir « prier », la panne : impossible de se souvenir comment le verbe se prononce en français ! Il luit vient alors une lumière : « Puisqu'en latin cela se dit "petere", et que le français vient du latin, ouf, je vois comment m'en sortir ». Et il entame son sermon :

« Mes bien chères sœurs, Dieu a permis que nous soyons réunis : que sa volonté soit faite.

Puis il attaque résolument :

– Je vais vous parler d'un très noble sujet, d'une activité chrétienne essentielle que je diviserai en trois parties : Pourquoi faut-il péter ? Quand faut-il péter ? Et comment faut-il péter ?

Pourquoi ? Eh bien il faut péter parce que cela soulage notre corps et notre âme. La preuve : quand nous avons pété, nous ressentons un grand soulagement. Il faut péter parce que Dieu lui-même a dit : "Celui qui pète se sauve, celui qui ne pète pas se damne".

Quand faut-il péter ? Eh bien toutes les occasions sont bonnes : péter le matin en se levant, péter en plein air ou à la maison... mais surtout pendant les offices !

Comment bien péter ? Il faut péter avec conviction, avec ferveur, et même avec fracas pour que Celui qui est Là-Haut sente bien vos intentions. Ce n'est qu'à force de péter avec persévérance, mes sœurs, que vos vœux seront exaucés. Et s'ils ne l'étaient pas, eh bien réunissez-vous et pétez en chœur.

En conclusion, je ne peux que vous y encourager : entraînez-vous à péter. C'est la grâce que je vous souhaite. Ainsi soit-il ! »

Un petit Noir fait sa prière :
« Mon Dieu, dis-moi : pourquoi m'as-tu fait tout noir ?
– Pour que, la nuit, le lion ne te voie pas et ne te mange pas.
– Ah ! bon ! Merci, mon Dieu.

– Mon Dieu, dis-moi : pourquoi m'as-tu fait de longues jambes ?
– Pour que tu puisses courir vite et que le lion ne te rattrape pas.
– Ah ! bon ! Merci, mon Dieu.

– Mon Dieu, dis-moi : pourquoi m'as-tu fait les cheveux crépus ?
– Pour que tu ne t'accroches pas aux branches, quand tu cours dans la jungle, et que le lion ne t'attrape
pas et ne te mange pas.
– Ah ! bon ! Merci, mon Dieu.

– Mais… mon Dieu, dis-moi : pourquoi m'as-tu fait naître à New York ? »

Petit Pierre fait sa prière à haute voix au pied de son lit :
« Bon Jésus, je t'en prie, je t'en supplie :
fais que Marseille soit la capitale de la France ! »
Sa maman, qui venait d'entrer dans sa chambre pour l'embrasser et lui souhaiter « bonne nuit », n'en croit pas ses oreilles.
« Qu'est-ce qui te prend, mon Pierrot, de dire de pareilles bêtises ?
– C'est seulement parce que j'ai écrit ça aujourd'hui dans mon devoir d'école… »

Les Martin sont dans les derniers préparatifs de la fête annuelle de printemps qu'ils vont donner dans leur magnifique jardin.
« Mon Dieu ! s'écrie madame, nous avons complètement oublié d'inviter ta Tante Ursule. Appelle-la tout de suite,
elle se fait toujours une joie de venir. »
M. Martin se précipite sur le téléphone, appelle et présente ses plus plates excuses à Tante Ursule. Mais celle-ci l'interrompt très vite :

« Oh, mais j'étais déjà au courant. Vos amis les Dupont m'ont dit que vous faisiez votre fête, que vous avez invité aussi les Durand, les Dupré et des tas d'autres gens. Enfin, n'importe, pour moi c'est trop tard. J'ai prié pour qu'il pleuve toute la journée… »

Ce couple avait le plus vif désir de fonder une famille mais malheureusement aucun enfant ne s'annonçait. Comme ils confiaient leur douleur au prêtre qui les avait mariés, celui-ci leur fit cette promesse : comme il guidait souvent des pèlerinages à Lourdes, eh bien, chaque fois qu'il s'y rendrait, il irait allumer un cierge pour eux deux et prierait de toutes ses forces à la grotte la Vierge Marie afin d'obtenir de son intercession qu'ils puissent être exaucés et deviennent d'heureux parents. Longtemps ensuite, ils ne se revirent pas, le prêtre en question ayant été promu recteur de la basilique… de Lourdes. Mais les hasards de la vie firent que, cinq ans plus tard, de passage dans le coin où le couple habitait, il rencontra la femme et la reconnut.

« N'est-ce pas à vous et à votre mari que j'avais promis, chaque fois que je serais à Lourdes, d'y prier pour vous qui n'arriviez pas avoir des enfants ?

– Si, si…

– Eh bien, j'ai tenu parole et je n'ai pas arrêté d'allumer des gros cierges à la grotte. Alors ?….

– Eh bien, nous avons eu successivement trois paires de jumeaux et un lot de quadruplés. Si vous comptez bien, ça nous fait dix enfants à charge.

– Ah ! Oh ! répond le prêtre, partagé entre l'émerveillement et une certaine gêne. Vous voilà donc bien occupée ! Et votre mari ?

– Il est en voyage. Vous devinez où ?

– Euh… non.

– À Lourdes, bien sûr, parti y éteindre votre p…. de cierge ! »

Cet homme avait toujours eu une peur bleue de la mort, s'inquiétait du moindre bobo, du moindre soupçon de fièvre, s'imaginait malade pour un « oui » comme pour un « non ». Son obsession était telle qu'il avait mis en place le même rituel quotidien. Chaque soir avant de se coucher, il se mettait à genoux, joignait ses mains et formulait la même prière :
« Mon Dieu, combien de temps ai-je encore à vivre?
Il n'avait cependant jamais reçu la moindre réponse à sa question...
... jusqu'à ce que, un soir, il entende une voix qui égrenait :
– Dix, neuf, huit, sept, six... »

On prête au général Charles De Gaulle,
homme pieux mais également assez imbu de soi,
cette prière originale :
« Sacré-Cœur de Jésus, ayez confiance en moi ! »

Véridique

La petite cousine d'un séminariste, âgée de 9 ans, assistait à l'ordination diaconale de celui-ci, et c'était bien la première fois qu'elle se trouvait au beau milieu d'une telle assemblée et d'une liturgie longue, longue pour elle ! Si bien que, au moment où était chantée la litanie des saints, longue, longue litanie qui n'en finissait pas, elle se tourna vers sa mère et lui lâcha sans détours :
« Priez pour nous, priez pour nous : y en a marre, des "Priez pour nous" ! »

Naples, dans une église. Deux hommes prient devant la statue de saint Janvier, le très vénéré saint patron de la cité. L'un est visiblement pauvre et souffreteux, l'autre visiblement très riche et très bien portant.

Le premier :
« Saint Janv'... j'suis dans la dèche... je dois 500 euros à quelqu'un et j'ai pas de quoi le rembourser... Je t'en supplie, par pitié : aide-moi à trouver tout ce fric !
L'autre, de son côté :
– Saint Janvier, j'ai 100 000 euros à la Bourse ; fais que la cote monte !
Le premier, de plus en plus fort et presque en larmes, supplie :
– Saint Janv', saint Janv', pense à moi... Fais-moi trouver ces 500 euros, sinon, c'est fini pour moi ! Par pitié !
Alors, le riche, exaspéré par les cris du pauvre, va droit sur lui et lui lance :
– Tiens, les voilà, tes 500 euros, prends-les et tais-toi. Laisse le grand saint Janvier se concentrer sur mon affaire ! »

Reliques

Un pasteur protestant et un curé catholiques
visitent ensemble la cathédrale de Trèves,
célèbre pour une pièce de tissu que la tradition
affirme avoir été portée par le Christ.
« Sainte tunique, sainte tunique,
grommelle le pasteur, mon œil !
Rien de véridique :
on voit dessus l'étiquette « Lacoste »...
- Et pourtant tout à fait authentique,
mon cher frère, réplique le prêtre.
On y a trouvé encore le carton d'invitation
aux noces de Cana. »

SACREMENTS

Baptêmes

Le petit Lucas a souvent vu à la télévision une scène de baptême de bateau.
Comme il vient d'apprendre le prochain baptême d'un cousin qui vient de naître, il interroge sa tante :
« Est-ce qu'à lui aussi on va cogner sur la tête une bouteille de champagne ? »

Véridique

L'auditoire n'est pas trop attentif au déroulement du sacrement.
Personne ne dit : « Amen » à la fin des prières.
Aussi, au moment de procéder à la bénédiction de l'eau,
le prêtre avertit :
« Merci de répondre "amen" après chaque invocation.
Il commence donc :
- Père infiniment bon, tu as fait jaillir en nous la vie nouvelle
des enfants de Dieu au jour de notre baptême...
Et l'assistance de répondre haut et fort et bien en chœur :
- Amen après chaque invocation ! »

Véridique

Dans le diocèse de Versailles,
un dimanche, deux baptêmes étaient prévus à l'issue de la messe.
Mais une seule famille se présenta. Après avoir vainement attendu l'autre,
le curé finit par procéder au baptême de l'enfant présent.
Le mercredi, alors qu'il faisait son marché sur la place du village,
il tombe sur les parents de la famille qui ne s'était pas présentée
le dimanche. Le père, tout radieux :

« Ah! M'sieur le curé, si vous saviez! Ça a été bien beau, le baptême du petit. Ah oui, la fête a été réussie et tout le monde était très content.
- Le baptême, le baptême? Mais comment ça? Je vous ai attendu à l'église!
D'abord un peu interloqué, le père finit par se frapper le front d'une main puis apostrophe sa femme :
- Euh là, Germaine! V'là t'i pas qu'on a complètement oublié le curé! »

Véridique

Toujours dans le diocèse de Versailles, mais cette fois la famille était bien venue au rendez-vous pour le baptême, sauf que... il manquait le bébé à baptiser. Mais les parents ont tenu à rassurer le prêtre qui s'inquiétait :
« Et votre enfant?
– C'est qu'il dormait tellement bien qu'on l'a laissé à la maison... »

Deux confrères prêtres évoquent entre eux
leur ministère et leurs relatifs succès auprès de la population.
« Nous vivons vraiment des temps difficiles :
pas de mariages à l'église,
peu de monde le dimanche à la messe...
- Sûr, répond l'autre. Et encore : comme tu sais,
si on ne se mêlait pas de près aux gens,
il n'y aurait même plus aucun baptême... »

Leçon de catéchisme sur les sacrements ; Question lancée aux enfants :
« Les enfants, citez-moi les signes visibles employés au cours de la messe?
- Le pain et le vin.
- Très bien. Et pour le sacrement du baptême?
- Les dragées! »

Cette paroissienne était déjà mère d'une bien nombreuse famille quand elle se présenta à nouveau au presbytère pour y faire inscrire son dernier-né pour être baptisé.
« Votre huitième enfant, comme c'est beau! s'exclame, ravi, M. le curé. Et comment va-t-il s'appeler?
Réponse sans appel de la mère :
– Amen! »

Toute la famille est réunie à l'église pour un baptême de petit enfant. M. le curé demande aux parents :
« Quels sont les prénoms de votre enfant?
- Alexandre, Victor, Louis, Marie, Georges, Albert, Fraimbault, énumère solennellement le papa.
Alors le prêtre, se tournant vers le sacristain :
- Davantage d'eau, je vous prie... »

Un papa tout fier annonce la nouvelle à ses collègues de travail :
« Ma fille est baptisée dimanche!
– Dimanche, dimanche... Tu ne trouves pas que c'est un drôle de prénom pour un enfant? »

EUCHARISTIE

Communion

Véridique

Entendu il y a une dizaine d'années
de la bouche d'un prêtre vantant
la plus belle façon de communier,
lors d'une prédication dans une paroisse
auvergnate :
« La langue est un organe plus pur que la main. »

Suite au Concile Vatican II,
un curé de paroisse veut expliquer à ses ouailles
qu'ils ont dorénavant la possibilité de recevoir l'hostie consacrée
soit sur la langue, soit dans la main.
Il leur dit :
« Désormais, vous avez le choix :
soit à genoux sur la langue, soit debout sur les mains. »

Adoration du Saint-Sacrement

La procession du Saint-Sacrement, le grand jour de la Fête-Dieu,
avait été réglée dans les moindres détails :
ostensoir astiqué, dais dépoussiéré, montants du dais cirés,
monceaux de fleurs déposées en tapis tout au long du parcours.
Tout avait été soigneusement prévu et mis en place sauf... - comme
quelqu'un s'en aperçut juste avant le départ -
l'installation de la grande hostie consacrée au centre de l'ostensoir !
Commentaire de M. le curé :
« On ne peut pas toujours penser à tout... »

Mariage

Lors des sessions de préparation au mariage auquel participe un fiancé, les animateurs de la session sont impressionnés par son empressement à répondre et son zèle à participer.
« C'est à croire que vous êtes marié déjà depuis longtemps.
– Moi, non, mais mes parents, oui. »

Dans la salle des mariages de la mairie, années 70,
l'officier d'état-civil de service attend des fiancés pour procéder
à la cérémonie civile. Il voit arriver, suivis d'un petit groupe,
deux jeunes gens à longs cheveux, vestes et jeans unisexe.
Son regard va de l'un à l'autre, indécis. Il finit par demander :
« Lequel de vous deux veut-il prendre l'autre pour épouse ? »

Un jeune homme se montrait particulièrement pressé. Il se présenta à M. le curé un samedi soir avec sa fiancée et voulait que le prêtre bénisse leur mariage le lendemain. Celui-ci lui expliqua qu'il y avait un délai minimal d'une semaine à respecter à partir de la publication des bans.
« Ah bon ! réplique le garçon. Oui, bien sûr, je comprends que pour vous, rien ne presse. Mais nous deux... il y a que nous commençons demain soir ! »

La petite Lily est venue pour la première fois
de sa vie assister à un mariage à l'église.
Curieuse de tout, elle interroge sa maman.
« Maman, maman, pourquoi la mariée
est-elle tout habillée en blanc ?
- Parce que la mariée est toute heureuse,
toute joyeuse. Le blanc est la couleur de la joie !
- Ah bon ?
Puis après un temps de réflexion
et un nouveau regard jeté aux mariés :
- Mais alors, maman, pourquoi le marié, lui,
il est habillé tout en noir ? »

Véridique

Question de catéchisme :
« Qu'est-ce que produit le sacrement du mariage ?
Sophie, 9 ans :
- Qu'ils s'aiment. »

Une jeune fille présente son fiancé à ses parents.
Après le dîner, le père invite dans son bureau
le jeune homme à venir bavarder un peu :
« Alors, quels sont vos projets ?
- Je suis étudiant en théologie.
- Parfait, mais qu'avez-vous l'intention de faire pour offrir
à ma fille un foyer accueillant ?
- J'étudierai la Parole de Dieu, et Dieu pourvoira à tous nos besoins.
- Et comment élèverez-vous vos enfants ?
- Dieu y pourvoira.
Peu après, la mère de la jeune fille interroge son mari :
- Alors, comment cela s'est-il passé ?
- Je crois qu'il me prend carrément pour le Bon Dieu ! »

Deux fiancés se présentent chez M. le curé pour se préparer au mariage.
Il leur demande s'ils ont bien tous les papiers requis :
certificat de baptême, de communion, de confirmation,
extrait d'acte de naissance. Puis il demande aux fiancés :
« Avez-vous la foi ?
La fiancée regarde dans le dossier qui contient tous les documents
puis regarde le fiancé et lui lance, d'un air navré :
- J'te l'avais bien dit qu'on oublierait quelque chose ! »

Avant le concile Vatican II, l'usage était que lors d'un mariage à l'église, le dernier rite, à savoir la signature des registres, se déroulait dans la sacristie, pièce annexe du bâtiment (les grandes églises des grandes villes disposaient même souvent de deux sacristies dont celle dite « des mariages »), ce qui a pu faire dire à tel ou tel prêtre, en fin de cérémonie, s'adressant aux nouveaux époux : « Si vous le voulez bien, nous allons maintenant nous rendre dans la sacristie pour y passer aux actes. »

Véridique

Lors de sa dernière rencontre avec un couple de fiancés pour leur préparation au mariage, un jeune prêtre leur demanda s'ils avaient un désir particulier relativement à la célébration du sacrement. Il reçut d'eux pour toute réponse cette phrase accompagnée d'un large sourire :
« Surtout, que ça soit pas trop ch... »

ONCTION DES MALADES

Un jeune prêtre tout juste ordonné a été nommé vicaire dans une paroisse. Le jour même de son arrivée, il reçoit du curé la consigne de se rendre chez quelqu'un de très malade pour lui conférer le sacrement d'onction.
« Mais... je ne l'ai encore jamais fait ! objecte-t-il.
– Rien de bien compliqué, lui répond son supérieur. Vous lui faites l'onction d'huile sainte prescrite et vous dites la formule rituelle prévue.
Bon gré, mal gré, le vicaire s'en va chez le paroissien. À son retour, le curé lui demande comment ça s'est passé.
– J'ai suivi à la lettre la procédure, comme vous me l'aviez dit. J'ai enduit d'huile le malade de la tête aux pieds et j'y ai ajouté la formule liturgique : "*Hoc est enim corpus meum.*" ("ceci est mon corps")
Très mécontent de son jeune adjoint, le curé fait un rapport à l'évêché. Une réponse lui parvient de l'administration : "*Parochus asinus. Capellanus suspendendus*" ("le curé est un âne. Le vicaire doit être suspendu [de ses fonctions]").
Le curé lit et relit ce mot, de plus en plus perplexe. Puis il murmure : "Que je sois un âne, soit, j'aurais dû mieux expliquer les choses au jeune vicaire. Mais pourquoi est-ce que je devrais le pendre ?" »

Perle du « caté »

« Dites-moi, les enfants,
combien y a-t-il exactement
de sacrements ?
- Y en a pus !
- Comment ça, il n'y en a plus ??
Explique-toi, Lisette.
- Ben, c'est tout simple.
Hier soir ma grand-mère
a reçu le dernier ! »

En plein hiver russe,
alors que la température est tombée à - 20 °C
et que la glace recouvre tout le paysage,
un vieil homme juif est sur le point de mourir.
Dans un ultime souffle, il demande à son épouse,
restée près de son lit, de faire appeler pour lui un prêtre.
Ce qu'elle vient d'entendre la sidère. Abasourdie, elle interroge :
« Mais enfin, qu'est-ce qui te prend ? Un prêtre ? Pourquoi un prêtre ?
- On ne va quand même pas déranger le rabbin par un temps pareil ! »

9

Sermons

POUR CE QUI EST DES SERMONS, J'ÉCRIS LE DÉBUT ET, QUANT À LA SUITE, JE LAISSE L'ESPRIT SAINT M'INSPIRER.
...AH BON ? EH BIEN, ALORS, C'EST TRÈS CURIEUX, CAR CELA VEUT DIRE QUE L'ESPRIT SAINT EST MOINS BON QUE VOUS !...

Sermons

Dans un petit village de montagne, le berger est venu à la messe, assis sur un banc, son chien à côté de lui. Au moment du sermon, il entend le prédicateur lancer à la cantonade :
« Le bon berger connaît toutes ses brebis car il reste auprès d'elles.
Alors le berger se lève et dit à son chien :
– Viens, Bello, on s'en va. Il recommence à nous chercher des poux. »

M. le curé est en train de dire son sermon…
et l'auditoire dort comme un seul homme.
Alors il lance un cri strident :
« Au feu !
- Où ça ? demande un membre de l'assemblée qui n'était qu'assoupi.
- En enfer… »

Entendu comme véridique

Ce pauvre prêtre faisait tout ce qu'il pouvait pour prononcer des sermons qui puissent nourrir la foi des participants de la messe. Mais il n'observait dans le public qu'un état général d'indifférence, de distraction flagrante, voire de torpeur. Une idée lui vint alors à l'esprit, qu'il mit à exécution le dimanche suivant. Après la proclamation de l'Évangile, l'auditoire s'étant assis, il sortit une feuille de sa poche puis commença par ces mots, dits avec force et conviction :
« Le lapin aux pruneaux… Prenez un beau lapin, dépouillez-le et videz-le soigneusement, puis découpez-le en morceaux que vous faites revenir à feu vif dans une cocotte avec un peu d'huile, du thym et du romarin. Quant aux pruneaux…
Voyant alors que tous ses auditeurs sans exception avaient dressé l'oreille et le fixaient de leurs yeux exorbités, il s'interrompit :

– Ah, nous y sommes enfin ! Je donnerai le texte de la recette entière à tout le monde à la sortie de la messe, et venons-en maintenant au sermon ! »

De Martin Luther :
« Vous pouvez prêcher
sur tout ce que vous voulez,
mais ne prêchez jamais
plus de quarante minutes » (!)

Un curé rentre au presbytère de la messe dominicale
totalement épuisé et déclare à sa bonne :
« Je suis carrément vidé.
- Pourquoi donc ? N'est-ce pas l'évêque, à votre place,
qui a fait cette fois le sermon ?
- Tout juste... deux heures durant !
- Et sur quoi ?
- Ah ça ! Si seulement je le savais... »

Un prêtre est en plein sermon... qui n'en finit pas :
il cause, il cause, il cause.
Soudain il voit un de ses auditeurs se lever
et quitter sa place.
« Où allez-vous ? lui demande-t-il
- Chez le coiffeur.
- Comment ça, "chez le coiffeur" ?
Vous ne pouviez pas le faire avant la messe ?
- Non, car avant la messe mes cheveux n'étaient pas si longs... »

Un pasteur protestant est assis à son bureau,
travaillant à son homélie.
Son fils le regarde et lui demande :
« Comment sais-tu au juste ce que tu dois écrire ?

- Dieu lui-même me le dit.
- Alors pourquoi est-ce que tu as tant à corriger ? »

En Allemagne, le « superintendant »
(équivalent hiérarchique d'un évêque chez les luthériens)
est en visite chez un pasteur. Celui-ci en profite pour solliciter
une aide financière afin d'assainir les murs humides
de son vieux presbytère.
« Accordé.
Enhardi par cette bienveillance, le pasteur ajoute :
- Voyez un peu les murs de notre pauvre église eux aussi rongés
par l'humidité. Ne pourrait-on pas... ?
- Hors de question. Mon cher confrère, à mon avis, la faute en revient
au jus de chaussettes de vos sermons.
- En ce cas, réplique le confrère, permettez-moi de vous inviter
à venir nous servir un dimanche un de vos sermons célèbres
pour leur sécheresse. »

Le sermon de ce dimanche-là a profondément remué la communauté.
Beaucoup sanglotent ou gémissent. Une seule personne,
un homme, reste assis à sa place, dans la plus totale indifférence
à l'émotion qui étreint tous les autres. Alors son voisin le secoue :
« Dites donc un peu, n'avez-vous aucun sentiment humain ?
Et l'autre de répondre en bougonnant :
- Je ne suis pas de cette paroisse... »

Il arriva un dimanche à ce curé de paroisse de découvrir,
sur le pupitre derrière lequel il s'apprêtait à prêcher,
une enveloppe à son nom à l'intérieur de laquelle il trouva un petit papier
avec ce simple mot écrit : « Crétin ».
Il inclut alors dans son sermon cette histoire de lettre
et la résuma de la sorte :

« Mes bien chers frères, mes bien chères sœurs, je connais bien des cas où quelqu'un écrit une lettre puis oublie de la signer.
Mais c'est la première fois de ma vie que je vois quelqu'un mentionner son nom et oublier d'écrire sa lettre. »

Un curé de paroisse monte en chaire
et commence ainsi son allocution :
« Chers frères et sœurs,
désolé mais aujourd'hui il n'y aura pas de sermon
car j'ai quelque chose à vous dire... »

Un psychiatre soigne pour une cure un prédicateur
et lui pose entre autres questions la suivante :
« Est-ce qu'il vous arrive de parler en dormant ?
- Non, répond le prédicateur, je parle seulement quand les autres dorment. »

M. le curé explique à ses ouailles
qu'il faut surtout prier pour les autres.
Une dame s'exclame alors avec ferveur :
« Mon Dieu, faites que mon mari ne soit jamais veuf ! »

Un brave curé de campagne fait, en chaire,
un sermon sur l'enfer et le paradis.
Son prêche terminé, s'adressant à ses ouailles, il demande :
« Que ceux qui désirent aller au paradis veuillent bien se lever !
Aussitôt toute l'assistance se dresse, à l'exception toutefois
d'un vieux bonhomme qui reste assis.
Croyant qu'il n'a pas entendu, le prêtre l'interroge :
- Et ben, Père Auguste ! Vous ne voulez pas aller au paradis ?
- Si, si, M. le Curé, mais pas tout de suite ! »

Un prédicateur bien connu pour sa vantardise
demande à un confrère :
« Avez-vous entendu mon dernier sermon ?
L'autre de répondre alors :
- Si j'avais su que c'était votre dernier, je serais venu l'écouter ! »

Nouvellement nommé dans une paroisse, le prêtre s'empressa
à la fin de sa première messe de venir sur le parvis de l'église
y saluer ses nouveaux paroissiens. Lesquels devant lui ne tarirent pas
d'éloges sur son sermon… sauf un qui suivait le curé
tout en marmonnant en boucle :
« Joli sermon sans envergure, mon Père…
Quand il en trouva le temps, le prêtre alla interroger le sacristain
à propos de ce personnage.
- Oh ! Lui ? Ne faites pas attention, M. le curé. C'est l'idiot du village :
il ne fait que répéter tout haut ce que les autres disent tout bas. »

Un dimanche avant la messe, un paroissien croise M. le curé
à l'entrée de l'église et s'exclame :
« Oh ! Vous vous êtes blessé au menton ?
- Rien de bien grave, rassurez-vous. J'ai soigné la préparation
de mon sermon et j'y pensais encore tout en me rasant,
ce qui fait que, par étourderie, je me suis coupé.
À la fin de la messe, le même paroissien
va trouver M. le curé dans la sacristie.
- Alors, mon sermon ?
- Puisque vous tenez à avoir mon avis, la prochaine fois,
M. le curé, soignez votre rasage, mais coupez l'homélie ! »

Ce dimanche-là, M. le Curé étant absent, c'est un autre prêtre, que personne ne connaît, qui est venu le remplacer. Et il commence son sermon, et il continue de parler, et continue, et continue. L'assemblée commence à s'agiter, on entend des raclements de pieds, des toussotements, mais le prédicateur poursuit, imperturbable. Jusqu'à ce que s'élève soudain un cri d'enfant :
« Maman, c'est encore dimanche ? »

Véridique

Cette envolée au cours d'un prêche
donné il y a bien longtemps dans les campagnes du Maine :
« La lapine arrache les poils de son ventre pour faire à ses petits
un bon petit nid douillet.
Quel homme serait capable d'en faire autant ? »

Un prédicateur tenait un sermon vigoureux
contre les ravages de l'alcoolisme :
« Je vous le demande, mes frères, s'écrie-t-il,
que peut-il y avoir de pire que la boisson ?
Alors du fond de l'église une voix s'élève :
- La soif ! »

« Gare aux commencements ! Gare à l'engrenage ! tonne le prédicateur devant les nombreux fidèles réunis ce dimanche-là à la messe. Je vous mets en garde contre les moindres petits écarts de conduite ! Je vous mets en garde même contre la première cigarette ! Elle entraîne derrière elle tous les vices : le premier petit verre d'eau de vie puis bientôt le premier péché de chair avec une bonne femme !
Alors fuse de l'assistance cette apostrophe :
– Et où peut-on trouver ces géniales cigarettes ? »

« Vous avez certainement entendu prêcher nombre de célèbres théologiens, dit le doyen de la paroisse universitaire de Cambridge à son sacristain le jour où ce dernier fête ses 50 ans de service.
- Oh oui !, répond le sacristain, et Dieu m'a donné la grâce de pouvoir encore croire en lui. »

Un curé de campagne tient, de dimanche en dimanche, le même sermon mot pour mot. Les paroissiens finissent par en avoir assez et se plaignent auprès de l'évêque. Là-dessus, un dimanche, le vicaire général se rend, à l'improviste, dans le village, s'assied dans l'église derrière un pilier et écoute.
Après la messe il apparaît à la sacristie en compagnie du conseil paroissial.
« Était-ce aujourd'hui encore le même sermon ?
Le curé :
- Bien entendu ; et mot pour mot.
Le vicaire général :
- Avez-vous quelque chose à dire pour votre défense ?
Le curé se tourne alors vers les membres du conseil paroissial et dit :
- S'il vous plaît, répétez un peu les idées fondamentales de mon sermon d'aujourd'hui...
Hésitations, silence unanime...
- Voyez-vous, M. le Vicaire Général, dit alors le curé, comment puis-je passer à un nouveau sujet tant que l'ancien n'a pas encore été assimilé ? »

Dans un sermon tenu devant les jeunes garçons du village, le nouveau et bouillant vicaire s'emporte contre leur passion à draguer les filles :
« Vous ne regardez jamais que l'extérieur : le beau visage, les beaux vêtements.
Mais moi, je vous dis : vous devez aussi regarder ce qu'il y a dessous ! »

Ce jeune prêtre tout juste ordonné et nommé vicaire est paniqué à l'idée qu'il va devoir dimanche monter en chaire et prononcer son premier sermon devant toute l'assemblée des nombreux paroissiens qui remplissent l'église chaque semaine. Fébrile, il demande au curé des conseils pour vaincre son trac. Celui-ci lui suggère de faire ainsi : juste avant de commencer, aller à la sacristie, se verser quelques gouttes de vodka dans un grand verre d'eau et boire le tout d'une traite.
« Tu verras : ça te détendra et tu n'auras plus du tout le trac. »
Le dimanche arrivé, il suit le conseil de son curé. Il se sent si bien, si détendu pendant tout le temps de son sermon qu'il pourrait parler des heures.
À la fin de la messe, euphorique, après avoir salué triomphalement l'assistance, il retourne à la sacristie pour remercier le curé. Celui-ci n'y est plus, mais le jeune prêtre trouve de lui la lettre suivante :
« Visiblement, tu as dû faire le contraire de ce que je t'avais conseillé et versé quelques gouttes d'eau dans un grand verre de vodka. Ou alors tu es bien trop sensible à l'alcool, auquel cas arrête totalement d'en boire. En tout cas, prends bien note de ne pas répéter la prochaine fois ta conduite de ce dimanche :
. Pas besoin de mettre une rondelle de citron sur le bord du calice
. C'est un confessionnal qui se trouve à gauche de l'entrée de la sacristie, pas les WC.
. Évite de t'appuyer sur la statue de la Sainte Vierge et surtout de la serrer dans tes bras et de lui faire des bisous
. Il y a 10 commandements, pas 12
. Les apôtres, eux, étaient 12, pas 7, et aucun d'entre eux n'était nain
. Même s'il s'est mal conduit, ne te crois pas obligé en public d'appeler Judas « ce fils de pute »
. Non, Jésus n'a pas été fusillé par les Mexicains
. L'eau bénite est faite pour bénir, pas pour arroser le cou des enfants de chœur

. Les hosties consacrées sont exclusivement réservées à la sainte communion, elles n'ont pas à servir de
biscuits apéritifs consommés avec le vin de messe
. À la fin d'un sermon, dis : « Amen », c'est plus liturgique que « à votre santé ! »
. L'idée d'appeler les fidèles à danser était plutôt sympa, mais pas au point de faire la chenille dans toute
l'église
. Enfin, un rectificatif utile : le type assis près de toi au siège de présidence et que tu as désigné devant tous
Les fidèles comme "le travelo en jupe", c'était moi
Je serais heureux que tu parviennes à corriger ces erreurs la prochaine fois que tu prêcheras. »

Conversation entre deux prêtres :
« Dis donc, figure-toi que, dimanche dernier, j'étais tellement inspiré et tellement en forme que j'ai fait un sermon d'une demi-heure.
- Une demi-heure?? Ça a dû te mettre K.-O.?
- Moi, non, mais tu aurais dû voir mon public ! »

Les trois qualités indispensables d'un bon sermon :
- Bref
- Court
- Pas long

« Une bonne homélie, ça doit être comme une mini-jupe : assez court pour retenir l'attention et assez long pour couvrir le sujet. »

… ou, autrement dit, comme le recommandait un ancien
à un jeunot tout nouvellement ordonné prêtre :
« Surtout, un bon commencement et une bonne fin et, par-dessus tout, s'arranger pour que le commencement soit le plus proche possible de la fin. »

« Vous me demandez, M. le curé,
ce que j'ai pensé de votre homélie de ce dimanche ?
Eh bien, comment dire ?
Tenez, elle était exactement comme l'épée de Charlemagne !
- ?!
- Longue, lourde, plate… et mortelle ! »

Frères et sœurs

De sermon en sermon, « Les hommes nos frères » par ci, « Mes bien chers frères… » par là », un jour, une paroissienne en eut assez et déclara tout de go à M. le curé :
« Ce serait bien de penser aussi aux femmes !
À quoi le prêtre lui répondit :
– Mais, ma bien chère sœur, vous savez, quand je dis “les hommes”, j'embrasse les femmes ! »

Annonces paroissiales

Véridique

Affiché sur un panneau
à l'entrée d'une église du Perche :
« Ouvert au public
du lundi au samedi de 9 heures à 18 heures
Fermé les dimanches et jours fériés. »

« À tous ceux qui ont des enfants
et qui ne le savent pas encore,
il y a dans la paroisse
un espace réservé aux enfants. »

« Chères Dames,
n'oubliez pas la prochaine vente
pour nos œuvres de charité.
C'est une bonne occasion
pour vous débarrasser
des choses inutiles
que vous avez chez vous.
Amenez vos maris ! »

(Véridique, les noms seuls ont été changés)

« Samedi 8 août, église de Laroquebrou :
mariage de Pierre Dupont et Pierrette Durand
avec Marcel Duval ».
M. Duval était en fait le diacre
qui allait recevoir le consentement des futurs époux.

Véridique

Annonce de la paroisse catholique
allemande saint-Suitberg d'Essen (1976) :

« Du fait, malheureusement,
que ni la paroisse protestante
ni la commune ne construiront
un jardin d'enfants plus vaste,
et que nous-mêmes[1] en sommes

1. Le jardin d'enfants catholique

à 423 pré-inscrits,
il est plus que recommandé
d'inscrire chez nous les enfants
au moins dix à onze mois
avant leur naissance. »

Avis : « Jeudi prochain, à cinq heures de l'après-midi,
il y aura une réunion du groupe des mamans.
Toutes les dames qui souhaiteraient faire partie des mamans
sont priées de s'adresser à M. le curé. »

« Mardi à 4 heures de l'après-midi, il y aura une rencontre sociale
où l'on servira de la crème glacée. On prie toutes les femmes
qui donnent du lait de venir tôt. »

« Le prix du cours sur "prière et jeûne"
inclut les repas. »

« La chorale des plus de soixante ans
va cesser ses activités pendant l'été
avec les remerciements de toute la paroisse. »

« Vendredi à 19 heures,
les jeunes de l'Aumônerie
feront une représentation
de l'œuvre *Hamlet* de Shakespeare
dans la salle paroissiale.
Toute la communauté est invitée
à prendre part à cette tragédie. »

« Cet après-midi, il y aura des réunions
au bout Nord et au bout Sud de l'église.
Les bébés seront baptisés aux deux bouts. »

« Mardi soir, il y aura un cassoulet
dans la salle paroissiale.
Ensuite, il y aura un concert. »

« Le mois de novembre se terminera
par une messe chantée par tous les défunts
de la paroisse. »

« Les réunions du groupe de développement
de la confiance en soi
ont lieu les vendredis à 20 heures
Prière d'entrer par la porte de derrière. »

« La messe de minuit prévue à onze heures
aura finalement lieu à dix heures trente. »

M. le curé prévient : « Je serai absent pendant quelques dimanches. Les prédicateurs seront collés sur le panneau d'affichage au fond de l'église et toutes les naissances, mariages et décès seront remis jusqu'à mon retour. »

M. le Curé a fait appeler Albert, son fidèle sacristain :
« Mon bon Albert, je ne me sens pas bien.
Je crois que j'ai attrapé une bonne suée.
Alors je ne pourrai pas dire la messe demain dimanche.
C'est monsieur notre doyen qui me remplacera.
Mais je compte sur vous pour dire les annonces, n'est-ce pas ?
- Ma foi, M. le Curé, je tâcherai de faire de mon mieux.
Dites toujours.
- Écrivez donc :
« Monsieur le Curé est malade, ce qui n'est point un péché.
Aussi je vous donne de sa part les annonces de la semaine :
• Mardi : fête de saint Pierre et saint Paul
• Jeudi : confessions en vue du premier vendredi du mois.

• Samedi : mariage d'Octave Derouineau et de Léontine Croulebarbe
• Dimanche : quête pour notre Saint-Père le pape
• Enfin, il a été oublié un paquet dans l'église ;
on pourra venir le rechercher à la sacristie. »
– Ça va-t'y aller, mon bon Albert ?

– Ma foi, M. le Curé, j'ai tout noté :
je tâcherai de faire de mon mieux...
Le dimanche venu, à la fin de la messe, Albert monte en chaire :
– « Avis à tousseu et à touteu :
• Monsieur le Curé est malade : il me l'a dit en confession.
• Mardi, ce sera la fête d'Octave Croulebarbe, ce qui n'est point un péché.
• Jeudi : ce sera le premier vendredi du mois.
• Samedi : mariage de saint Pierre et saint Paul.
Ceusses-là qui verraient un empêchement à c'te mariage
sont priés de venir le récupérer à la sacristie.
• Enfin, dimanche, c'est notre Saint-Père le pape qui viendra faire la quête.
Qu'on se le dise. Amen. »

10

Au confessionnal

JE DOIS CONFESSER QUELQUE CHOSE. JE VIENS D'ÉCRASER UN DINOSAURE.
VOUS AVEZ QUOI ??... MAIS... LES DINOSAURES SONT TOUS MORTS !!
... TOUS ?! ÇA, JE VOUS JURE, C'EST PAS DE MA FAUTE !

DIX COMMANDEMENTS

Un curé de paroisse bâtit son sermon sur les dix Commandements. Quand il aborde le commandement divin : «Tu ne voleras pas », il s'aperçoit qu'un des auditeurs s'agite soudain sur son banc, regarde à gauche et à droite et interroge ses voisins. Puis quand le prêtre en vient au sixième commandement : « Tu ne commettras pas l'adultère », l'homme éclate de rire, se rassied et retrouve tout son calme. À la fin de la messe, très intrigué, M. le curé va trouver son paroissien et lui demande ce qui l'a autant perturbé dans son sermon.
- Très facile à vous expliquer, mon révérend. Quand vous avez dit : «Tu ne voleras pas », je me suis soudain aperçu que mon parapluie n'était plus avec moi. Mais quand vous avez dit plus tard : « Tu ne commettras pas l'adultère », ça m'a rappelé où j'avais laissé mon parapluie.

CONSCIENCE, ES-TU LÀ ?

Grand-mère : « Te rends-tu bien compte que le Bon Dieu était là quand tu as chapardé la tranche de cake dans la cuisine ? »
Petit-fils : « Oui »
Grand-mère : « ... et qu'il a tout vu du début jusqu'à la fin ? »
Petit-fils : « Oui »
Grand-mère : « ... et, à ton avis, qu'est-ce qu'il t'a dit ?
Petit-fils : « Il a dit : il n'y a personne ici que toi et moi : prends-en deux ! »

Maman vient de surprendre le petit Sébastien en train de vider goulûment un gros pot de confiture dans le buffet de la cuisine.
« Oh ! Le chenapan ! Tu n'as donc pas entendu la voix de ta conscience ?
- Eh non, maman, lâche Seb, la cuillère faisait trop de bruit... »

MORALE SEXUELLE

Le curé de la paroisse va trouver Lolita, une jeune catholique pratiquante.
« Dis donc, Lolita, je t'ai aperçue dans le village au bras d'un garçon.
- C'est vrai, mon Père, il s'agit de Gaston, mon ami.
- Mais c'est du sérieux, entre vous ?
- Oh oui, mon Père, très sérieux, il m'a même parlé de mariage.
- Très bien, mais tu sais qu'il faut qu'il te respecte totalement jusqu'au mariage ?
- Me respecter ? Ça veut dire quoi au juste ?
- Eh bien ça veut dire bien précisément qu'à part tes mains, il ne doit toucher aucune partie de ton corps qui se trouve en dessous de ton collier.
- Ah bon !
Le lendemain, le curé apprend par la bigote de service que les deux amoureux ont été vus au jardin public, fiévreusement enlacés, échangeant entre eux des caresses appuyées.
Ni une, ni deux, Monsieur le curé va trouver Lolita et l'interpelle, furieux :
- Lolita, tu n'as pas honte ?
- Ben quoi, mon Père ? J'ai rien fait de mal ?
- Rien fait de mal ? Et ton collier ? Pourquoi l'as-tu mis autour de ta cheville ? »

AU CONFESSIONNAL

Véridique

Un homme était allé se confesser à Don Bosco (saint Jean Bosco) :
« Ma dernière confession remonte à il y a dix ans.
– Cela fera 1 000 lires.
– Comment ça ? Je croyais que se confesser était gratuit !
– Vous le saviez ? Et pourtant vous n'êtes pas venu depuis tout ce temps ! »

Le petit Nicolas est allé se confesser
mais il ne trouve pas de péchés à avouer.
M. le Curé voudrait l'aider et lui demande :
« Fais-tu bien toujours ta prière le soir ?
- Oh oui, tous les soirs, répond Nicolas.
Et d'ailleurs maman aussi, qui prie pour moi.
- C'est bien, ça. Et que dit-elle dans sa prière ?
- Dieu soit loué, le voilà enfin au lit ! »

« Qu'est-ce que je peux bien vous confesser comme péchés ?
Je vais tous les dimanches à la messe, je mène une vie bien réglée,
je me couche tôt, je suis à l'heure au travail
et je lis tous les jours la Bible et...
- Oui, oui, bien, bien, mon fils, mais tu vas voir
que ça va sacrément changer quand tu sortiras d'ici,
lui lance en l'interrompant l'aumônier de la prison. »

Le petit Martin se confesse :
« Mon Père, j'ai péché contre les dix commandements.
J'ai séduit la femme de notre voisin.
Le vicaire stupéfait :
- Mais Martin, ça n'est pas Dieu possible :
tu n'as que neuf ans !
À quoi Martin réplique :
- N'empêche que la femme de notre voisin
fait des gâteaux bien meilleurs que ma mère. »

Un vieux curé forme à la confession des fidèles un jeune prêtre fraîchement ordonné. Le jeune écoute les leçons de l'ancien bien attentivement puis, pour être sûr qu'il saura bien y faire, demande au curé de l'assister en prenant place dans un confessionnal. Une fois que tous les pénitents sont passés dans son confessionnal, le jeune prêtre demande à l'ancien son avis.

« Bravo, pas mal. Une seule chose quand même à rectifier. Tu devrais répondre : "Je vois, je vois..." plutôt que de commenter par des : "Ben dis donc !" ou des "Wouaou" ! »

Un homme est allé se confesser. Dans le confessionnal, il se présente au prêtre, en précisant son métier : acrobate dans un cirque. À la fin de sa confession et après lui avoir donné l'absolution, le prêtre lui demande :
« J'ai toujours été admiratif des métiers du cirque. Vous pourriez me faire quelques-unes de vos acrobaties ?
– Volontiers, répond l'autre. Et d'exécuter plusieurs pirouettes et voltiges dans l'allée.
Ce que voyant, deux vieilles dévotes qui attendaient leur tour se regardent, ébahies, jusqu'à ce que l'une dise à l'autre d'un ton sans réplique :
– Si c'est ça les nouvelles pénitences que M. le vicaire impose à ses pénitents, j'irai voir ailleurs ! »

Véridique

À voix haute, une brave paysanne fait méthodiquement son examen de conscience en passant en revue les dix commandements :
« Premier commandement : rien z'à dire...
- Deuxième commandement : rien z'à dire...
- Troisième commandement : rien z'à dire...
- Quatrième commandement : rien z'à dire...
- Cinquième commandement : rien z'à dire...
- Sixième commandement[1] : rien z'à dire...
Le prêtre se décide alors à l'interrompre :
- Excusez-moi mais je vous arrête : vous avez une mauvaise liaison.
La paroissienne blêmit :
- Mon... M. le Curé !! Comment le savez-vous ?? »

1. « Tu ne commettras pas d'adultère »

Un paroissien, désespéré, lance tout de go à son confesseur :
« Je suis le plus grand des pécheurs du village ! J'ai fait tous les péchés du monde !
Le confesseur cherche à l'apaiser :
– Quand même pas, quand même pas tous...
– Oh si, tous les péchés qui peuvent exister sur terre, je les ai tous commis...
– Mais non, voyons... Tenez, par exemple, vous n'avez sûrement pas commis la simonie[2].
– Vous voulez dire la Simone ? Oh ben qu'si, qu'elle y est passée elle aussi dans mon lit, comme les autres ! »

Une femme commence par confesser à la va vite
ses quelques péchés puis en vient à de longues jérémiades
sur les défauts de toutes sortes de son mari,
qu'elle décrit tous par le détail.
Profitant de ce qu'elle reprend son souffle, le confesseur attaque :
« Résumons. En pénitence pour vos péchés,
vous direz deux "Notre-Père"
et pour l'amélioration de votre mari trois rosaires. »

Un sacristain rétribué bien chichement se confesse à M. le curé, son employeur. Quand il en a fini avec sa liste de péchés débités, le curé lui demande :
« C'est tout ?
- Oui, lui répond le sacristain. C'est tout.
- Et qui donc siphonne au tonneau mon vin de messe ?
Pas de réponse.
- J'ai demandé : qui me siphonne mon vin de messe ? redemande le curé en haussant la voix.
Pas plus de réponse.

2. Le fait de trafiquer avec les sacrements en se les faisant payer très cher

- N'entends-tu pas bien ? crie à présent le prêtre.
Qui donc se permet de siphonner mon vin de messe ?
Toujours pas de réponse.
Alors il voit rouge, quitte le confessionnal pour aller droit au pénitent :
- Es-tu à l'instant devenu sourd ?
L'autre, éberlué : - Faut croire que oui. Je n'y entends plus goutte.
Essayez donc vous aussi.
Le sacristain vient donc prendre la place du prêtre,
lequel vient se mettre à genoux dans un des deux compartiments
du confessionnal.
- Qui me doit encore huit semaines de salaire ?
demande à présent le sacristain.
Alors le curé se lève aussitôt, quitte le lieu pour celui réservé
habituellement au prêtre et lâche, les bras ballants :
- Comprenne qui pourra, tu as raison : on n'y entend quasi goutte ! »

CONFESSION D'UN FERMIER :

« M. le Curé, je suis sorti avec la Louison,
ma servante, vous savez bien !
- Ah ! Et... combien de fois ?
- M. le Curé, je vous en prie !
Je suis venu ici pour avouer,
pas pour me vanter... »

Une femme de 90 ans est allée se confesser auprès d'un prêtre.
« Mon Père, j'ai péché, et péché consciemment contre le précepte
de chasteté, et cela bien des fois, des tas de fois...
- Par tous les saints ! s'exclame le prêtre, tout éberlué,
ma bonne dame, quand donc avez-vous fait ça ??
- Oh, ça remonte à un demi-siècle, mon Père.
Mais j'ai tellement de plaisir à l'avouer à nouveau chaque fois ! »

Un homme se présente à un prêtre pour se confesser.
« Je confesse à Dieu que j'ai été infidèle à mon épouse.
Oui, il y a une autre femme, que je connais...
bien et que j'ai... pas mal... chérie.
- Chérie ? Chérie ?.... Et... combien de fois ? »

Un homme confesse à un prêtre ses péchés :
« J'ai dit beaucoup de jurons, mais j'ai aussi beaucoup prié.
Ça s'équilibre.
J'ai beaucoup bu mais j'ai aussi beaucoup jeûné.
Ça s'équilibre.
- Mon fils, répond le prêtre, ton cas est tout simple.
Dieu t'a créé et le diable va t'emporter.
Ça s'équilibre. »

Nouvellement arrivé dans la paroisse, M. le curé reçoit en confession les enfants du « caté. » Une chose l'étonne : tous les garçons avouent, entre autres péchés, celui-ci qui revient sans cesse : avoir jeté des noix dans la rivière.
Mais enfin, on sait la propension humaine à agir en bande.
Aussi quand le quatorzième garçon se présente à lui sans reconnaître cette faute, M. le Curé lui demande :
« Dis-moi, tu n'aurais pas toi aussi jeté des noix dans la rivière ?
- Non, non ! Dénois... c'est moi. »

PARDON ET PÉNITENCE

Un vicaire avoue en confession qu'il a pris une fille dans ses bras. Le confesseur lui donne comme pénitence de tremper ses bras dans un bénitier. Pendant qu'il exécute la pénitence, il entend du côté du bénitier opposé un bruit insolite. Il se redresse et voilà ce qu'il voit : son propre curé est là, debout, qui fait des gargarismes avec l'eau bénite !

Péchés, pécheurs

Véridique

Au « caté », la catéchiste s'était lancé auprès d'enfants de 11-12 ans (classe de 6e) dans une explication sur les péchés, les pécheurs et comment Jésus a pardonné à saint Pierre de l'avoir renié.
« Mais, objecte une fille qui s'y perdait,
de quoi parlez-vous au juste?
Saint Pierre était bien un pêcheur?
Alors quel rapport entre la pêche et le péché?
Un garçon se tourne alors vers elle et lui lance, péremptoire :
– Enfin, regarde le contexte! »

Abnégation

Véridique

La vieille Mademoiselle de... s'était accrochée à son volant le plus longtemps qu'elle avait pu et surtout aussi longtemps que son entourage avait manifesté d'indulgence pour ses écarts de conduite... automobile. Mais voilà qu'elle devenait un véritable danger sur la voie publique. Elle avait eu beau invoquer sa profonde piété et le besoin de sa guimbarde pour pouvoir se rendre à la messe, l'église n'étant pas tout près de son domicile, son fils et sa belle-fille prirent la décision qui s'imposait moralement.
« Nous nous sommes arrangés avec quelqu'un qui viendra te chercher et te conduire à l'église. J'ai donc pris les clés de la voiture...
- Et les papiers? Et mon permis de conduire?
- Je les ai pris aussi pour que tu ne les perdes plus comme c'est déjà arrivé, tu le sais.
S'ensuivit, comme ils s'y attendaient, un concert de lamentations.
Le fils crut alors bien faire en s'efforçant de raisonner sa mère au nom de sa foi de fille de l'Église et de son farouche attachement à la fois religieux et politique à la France de l'Ancien Régime.

Quand noblesse oblige...
- Tu m'as souvent parlé du roi Louis XVI et de ses infortunes.
Tu m'as souvent dit qu'il était pour toi un modèle de sainteté
dans la résignation à Dieu à laquelle il a su consentir,
quoi qu'il lui en coûtât. Ne devrais-tu pas ici prendre exemple sur lui ?
Petit moment de flottement de la vieille dame, mais qui se ressaisit vite
et contre-attaque :
- Oui mais Louis XVI, lui, on ne lui a pas retiré son permis ! »

TENTATIONS

Un prêtre va en trouver un autre pour lui demander conseil.
« J'ai soixante ans. Voilà quinze ans que je suis prêtre.
Les joies ne m'ont pas manqué, mais les épreuves aussi.
Parmi elles, les tentations. Elles sont variées et je suis conscient
que je devrai les affronter toutes jusqu'à ma mort.
Il reste qu'il en est une sorte qui me travaille beaucoup depuis le début,
je veux dire les tentations sexuelles. Je pensais qu'avec le temps
elles seraient moins fortes, mais je vois qu'il n'en est rien.
Aussi je me demande à partir de quel âge je pourrai espérer
être beaucoup moins tenté dans ce domaine.
Je m'adresse à vous qui êtes un ancien
et avez donc une longue expérience de la vie.
- Ma foi, je dirais que les tentations sont les plus fortes, bien sûr,
quand nous sommes jeunes, et même encore fortes quand nous sommes
dans la force de l'âge. Cela diminue peu à peu seulement.
Moi qui ai maintenant atteint quatre-vingts ans, je commence tout juste
à ne plus être trop tourmenté de ce côté-là...
À cet instant, on sonne à la porte. Le vieux prêtre va ouvrir.
Le jeune entend une voix féminine
qui engage une conversation qui dure, dure, dure.
Enfin, il entend le bruit de la porte refermée. Le vieux prêtre revient dans
la pièce, s'assied lourdement et lâche :
- Bon, à vrai dire, tout compte fait, attends 81 ans... »

11

Tous au Paradis !

VOUS ÊTES SÛR D'ÊTRE DANS LA BONNE FILE ?!!
JE N'EN SAIS TROP RIEN. C'EST MA FEMME QUI M'A DIT DE VENIR LÀ !
CEUX QUI ONT TOUJOURS COMMANDÉ LEURS ÉPOUSES
CEUX QUI SE SONT TOUJOURS FAIT COMMANDER PAR LEURS ÉPOUSES
GUÉZOU

FIN DU MONDE

Pendant l'heure de « caté » un prêtre parle de la fin du monde avec des trémolos dans la voix :
« Le jour du Jugement sera terrible. La terre tremblera, la mer débordera, les volcans vomiront le feu, d'énormes crevasses s'ouvriront et les maisons seront englouties dans la terre. Ce sera la fin du monde, garçons ! Et maintenant, méditons et prions...
Alors du fond de la classe monte la voix d'un enfant qui demande :
– Dites-moi, mon Père, quel jour pensez-vous que les écoles fermeront ? »

CIEL

Timothée passe des vacances scolaires chez sa grand-mère.
Chaque soir ils font la même prière :
« Cher Bon Dieu, fais de moi un bon chrétien, que je monte au ciel.
Jusqu'à ce qu'un soir, Timothée demande avec des grands yeux :
- Mais mamie, comment je fais pour redescendre ? »

Un vieux moine plein d'humour
avait eu beaucoup de chagrin
de perdre un grand ami à lui depuis sa jeunesse.
Au moment où à son tour il allait mourir,
il déclara :
« Je suis heureux car je vais enfin
retrouver mon pote en Ciel ! »

Cimetières

Véridique

Définition du cimetière
de son abbaye donnée
par un frère trappiste :
« Vous trouverez facilement :
c'est le jardin des os rangés… »

Conversation entre deux prêtres

« Dingue, la journée que j'ai eue aujourd'hui :
deux enterrements, deux crémations et un compostage.
- Comment ça, un compostage ?
- Ben oui, les végétariens meurent aussi ! »

D'un entrepreneur en Pompes Funèbres :
« Ayant débuté comme simple fossoyeur,
il a, depuis, fait son trou. » [*Nord Éclair*]

Véridique

Déclaration faite, sur le parvis de l'église, après la célébration religieuse, par le maître de cérémonie d'une entreprise de pompes funèbres :
« Bien… pour les membres de la famille qui vont aller au cimetière, je vous invite à regagner vos voitures. On va aller gentiment au cimetière… »

Véridique

Entendu d'un autre maître de cérémonies, au cimetière, sitôt effectuée la descente du cercueil de la défunte dans le caveau :

« Mesdames, Messieurs... je vous souhaite bon courage et, surtout... prenez soin de vous... »

Deux amis font la causette.
« Salut. Comment vas-tu ?
- Super bien. J'ai trouvé un bon boulot.
Rends-toi compte : j'ai plus de 600 types sous mes ordres.
- Ah oui ? Et c'est quoi, ton boulot ?
- Je travaille au cimetière... »

Un touriste visite l'Écosse. Dans un village, il se promène dans le cimetière et remarque une tombe sur laquelle il est écrit :
« Ci-gît Billy Gray, un homme travailleur et un bon père »
- Typiquement écossais, murmure-t-il,
trois types dans une seule tombe !

CIMETIÈRES

Véridique

Au cours des années 1880, dans sa lutte contre l'influence et le pouvoir de l'Église catholique [« le cléricalisme, voilà l'ennemi ! », avait lancé Léon Gambetta], la IIIe République décrète la nationalisation des cimetières. La mesure s'accompagne d'un geste symbolique : la pose au sommet du portail des cimetières communaux des deux lettres en fer forgé « R » et « F », « République Française ». Outré par ce coup de force, le curé de la paroisse de Nuillé-le-Jalais, dans le diocèse du Mans, s'écria en public :
« Pour moi, ces deux lettres à l'entrée du cimetière ne signifieront jamais rien d'autre que "Repos Forcé" » !

Le petit Marc, six ans,
est allé à l'église avec ses parents et,
sur le chemin du retour, les interroge :
« C'est vrai, ça, papa, maman, que tous les hommes,
quand ils meurent, ils deviennent de la poussière?
- Tout à fait, lui répondent ses parents.
Alors Marc s'arrête, interloqué, et lance :
- Incroyable! Ben alors il doit y en avoir
tout un paquet sous mon lit! »

La petite Lisa est au cimetière avec sa maman
pour se recueillir sur la tombe de la grand-mère.
Après quoi elle demande à ce que lui soient lues
les inscriptions de différentes tombes voisines :
« Ici repose notre si bon... notre bonne...
notre généreuse... etc. »
Lisa regarde alors sa mère et,
toute songeuse, lui demande :
« Dis-moi, maman, où est-ce qu'on les met,
au cimetière, les méchants? »

Un frère capucin sent sa fin venir,
il se couche et prie :
« Mon Dieu, je ne suis pas digne de mourir... »

M. le Curé croise une vieille dame
au cours de la kermesse paroissiale.
« Alors, comment ça va?.... Et votre époux?
Et dans une fraction de seconde il se souvient que l'époux
de cette femme est mort et enterré depuis six mois!
Alors, pour se rattraper, il demande :
- Toujours section B, allée 12, n'est-ce pas? »

Le chef des fossoyeurs municipaux donne ses instructions à ses assistants :
« Bon, après-demain, dans le cimetière, il y a M. le Ministre Professeur émérite, docteur en droit, éco, philo, dactylo, ancien Président du Conseil, Grand-Croix du Saint-Esprit, décoré de l'Ordre de la Jarretière et de saint Pancrace avec palmes, le duc Onésime-Gontran de La Tour Fondue qui sera mis en tombe. Alors creusez la tombe !
– OK, chef. Triple largeur ? »

FUNÉRAILLES

Véridique

Une bonne chrétienne essayait de convaincre
une vieille dame de redevenir pratiquante.
« Venez donc un dimanche à la messe...
- Je ne veux pas y aller tout de suite.
Plus tard... à mon enterrement. »

Véridique

Ce jeune prêtre fraîchement nommé curé était dans la sacristie, s'apprêtant à présider des funérailles avec grand concours de peuple, ce qui justifiait pour lui d'être équipe d'un micro-cravate, quand soudain retentit la sonnerie de son téléphone portable.
« Allo ?.... Ah ! C'est toi, salut ! ... Oui mais... Non, non... tout va bien mais je préfère que tu me rappelles plus tard car je suis sur le point d'expédier un macchabée sur orbite ! »
La sono était allumée, le micro-cravate aussi. Autant dire que l'entrée du prêtre dans l'église se fit dans un silence doublement mortel ce jour-là. Et peu après le nouveau curé était nommé ailleurs.

Véridique

À la collégiale saint-Martin de Brive-la-Gaillarde,
à la fin de funérailles, mot du laïc qui assistait le prêtre :
« Marcel avait demandé à être incinéré...
C'était son choix...
Bonne route, Marcel ! »

Comment appeler les rassemblements
de personnes à l'occasion d'obsèques ?
Des réunions autour d'une bière...

Véridique

Annonce de fin de funérailles à l'église :
« M. Dupont nous prie de remercier
chaleureusement toutes les personnes
qui ont pris part au décès de son épouse. »

M. le Curé était bien installé dans sa cuisine devant un copieux petit-déjeuner et feuilletait le journal qu'il était allé chercher dans la boîte aux lettres. Et, comme d'habitude, il avait commencé par la rubrique « nécrologie ». Qu'elle ne fut pas alors sa stupéfaction quand il tomba sur une notice qui annonçait sa mort ! Ni une, ni deux, il se précipita vers le téléphone et appela l'évêché.
« Monseigneur, il y a du vrai et il y a du faux, jugez par vous-même. C'est vrai que je suis au téléphone et que vous m'avez en personne au bout du fil. Mais il est totalement faux que je sois mort.
L'évêque marque sa stupeur par un temps de silence. Puis il se reprend et avec beaucoup de précautions dans la voix :
- Euh, certes, oui, j'ai lu moi aussi le journal, mais... enfin, dites-moi un peu : d'où m'appelez-vous ? »

M. le curé, poussé par la curiosité :
« Votre belle-mère avait-elle bien tous ses esprits quand elle a fait son testament ?
Le gendre :
- Ça, on le verra quand on l'ouvrira… »

LANGUES

Au collège tenu par les pères jésuites,
on venait d'enterrer un professeur de latin.
À la fin de la cérémonie, deux autres prêtres,
collègues du défunt, discutent entre eux.
« Il faut bien le reconnaître,
Pichard était un génial philologue.
Quand je pense qu'il maîtrisait
sept langues mortes !
- Ça tombe bien :
il va maintenant pouvoir s'en servir… »

PARADIS

Au temps où les diocèses de France organisaient des « missions » dans les paroisses, à savoir une semaine de l'année pendant laquelle un prêtre formé spécialement pour cela venait donner des enseignements publics aux hommes, aux femmes, aux enfants, présider des messes et confesser à tour de bras, l'un d'eux arrive en voiture à l'entrée d'une petite ville et hèle un jeune passant :

« Où est l'église ?

Le garçon le lui explique. Juste avant de poursuivre sa route, le prédicateur le remercie puis ajoute :

– Justement, ce soir il y aura une grande séance de caté à l'église pour tout le monde. Ce serait bien si tu y venais avec tes parents et tes frères et sœurs.

– Pourquoi ?

– Parce que je vous y expliquerai comment aller au Paradis.

– Et comment y arriverez-vous alors que vous n'étiez même pas capable de savoir où est notre église ?? »

Marcel se présente devant saint Pierre et attend le verdict de ce dernier pour savoir s'il va être admis au Paradis. Saint Pierre examine son dossier, le feuillette et le refeuillette, se gratte la tête, puis referme le dossier en poussant un long soupir : « Marcel, Marcel... je ne vous cacherai pas que je suis perplexe. Sans doute vous n'avez rien commis de grave au cours de votre existence terrestre, mais d'un autre côté vous n'avez rien fait de bien non plus. Avez-vous l'impression d'avoir accompli *une* bonne action, ne serait-ce qu'*une* fois au moins dans votre vie passée ?

Marcel a aussitôt la réplique :

- Et comment ! Ce jour où je m'étais perdu en voiture dans un quartier chaud de la ville et où j'ai vu cette horde de voyous agresser une pauvre jeune fille orpheline. Ni une, ni deux, j'ai sauté de ma bagnole, j'ai pris mon démonte-pneu et j'ai couru vers ces salopards. Ils étaient bien une vingtaine mais quand ils m'ont vu leur foncer dessus avec mon démonte-pneu, ils ont tout de suite lâché la fille et détalé sans demander leur reste !.... N'est-ce pas là un acte héroïque, bon saint Pierre ?

Le portier du Paradis fourrage dans sa barbe, réfléchit un moment, puis répond :

- Pour sûr, Marcel, c'est une très bonne action, qui mérite le Paradis, mais... je ne trouve aucune trace de cet événement dans les archives vous concernant. Ça remonte à quand, tout ça ?

- Oh ! il y a deux ou trois minutes. »

À la porte du ciel, un type se présente au bureau des réclamations devant saint Pierre, il est en furie :

« Mais bon sang, qu'est-ce que je f... là ? hurle-t-il. Regardez-moi : j'ai 35 ans, je suis en pleine forme, je ne bois pas, je ne fume pas, hier soir, je me couche bien sagement dans mon lit,

et voilà que je me retrouve au Ciel. C'est certainement une erreur !
- Eh bien, lui répond, troublé, saint Pierre, ma foi, ça n'est encore jamais arrivé, mais enfin je vais vérifier. Comment vous appelez-vous ?
- Dugommeau. Norbert Dugommeau.
- Oui... Et quel est votre métier ?
- Garagiste.
- Voyons un peu... ah ! Oui, voilà votre fiche. Dugommeau Norbert, garagiste... Oui, oui, oui...Eh bien, monsieur Dugommeau, vous êtes mort de vieillesse, voilà tout !
- De vieillesse ? Mais enfin, ce n'est pas possible, je vous le répète : j'ai 35 ans !
- Ah moi, je ne sais pas, Monsieur. Mais on a fait les comptes de toutes les heures de main-d'œuvre que vous avez facturées, et au total ça fait 123 ans... »

Des nouveaux arrivants au Ciel, croyants de diverses religions et non-croyants sont accueillis par saint Pierre qui leur fait les honneurs d'une visite guidée des lieux. Partout, ce ne sont que vastes espaces verts où circulent, s'ébattent et se rencontrent les élus. Une zone à part intrigue cependant les visiteurs quand ils s'approchent d'une enceinte de hauts murs. Pierre leur recommande par gestes de parler à voix basse.
« Mais pourquoi ?
– Chut ! ... Derrière ces murs sont les chrétiens qui croient être tout seuls au Paradis ! »

Ces deux grands théologiens avaient fait toute leur carrière dans la même université et, à force de discuter entre eux de toutes sortes de sujets religieux, étaient devenus amis et amis acharnés à débattre entre eux des nuits durant d'un article, surtout, du Credo chrétien, à savoir le dernier : la vie éternelle. Ils s'étaient même jurés l'un à l'autre que le premier qui mourrait donnerait à l'autre des nouvelles de ce qui se passe *réellement* après la mort.
De fait, l'un d'eux décède et apparaît à l'autre la nuit suivante :
« Alors ?.... interroge fiévreusement le survivant,

et en latin parce qu'ils le parlaient couramment tous les deux
et que ça fait chic : "Taliter qualiter"?
[exactement comme l'enseigne le Credo?]
À quoi l'autre répond aussitôt :
- "Totaliter aliter" [totalement différent] ».

Un médecin et un prêtre ont conclu entre eux un pacte.
Le médecin au prêtre :
« S'il vous plaît, protégez-moi de telle sorte que je n'aille pas en enfer.
Le prêtre :
- Je ferai de mon mieux, mon fils. De votre côté, s'il vous plaît, protégez-moi de telle sorte que je n'aille pas trop vite au Paradis... »

Le diable rend visite à saint Pierre et lui propose
qu'ils organisent un match de foot entre le Ciel et l'enfer.
À l'énoncé de cette idée, saint Pierre éclate de rire :
« Croyez-vous vraiment que vous avez la moindre chance de gagner
le match? C'est que nous avons ici d'excellents joueurs :
Libuda, George Best, Eusebio, Fritz Walter, Kopa...
Alors le diable :
- Oui mais... tous les arbitres sont chez nous! »

La frontière entre Ciel et enfer a été dégradée.
Le diable expédie alors aux anges le courriel suivant :
« Nos hommes de loi, à savoir les "avocats du diable"
("advocati diaboli") sont d'avis que la réparation incombe
en droit au Paradis.
Réponse des anges :
- Ça a tout l'air d'être le cas. Pas la moindre trace d'hommes de loi par chez nous... »

Saint Pierre interroge un vieillard qui se présente à la porte du Paradis.

« As-tu fait des bonnes actions pendant toute ta longue vie terrestre ?
– Oh oui ! Un jour j'ai donné 50 centimes d'euros à un mendiant.
– Ah ! Et c'est tout ? Pas d'autre bonne action ?
– Si, si ! J'en m'en souviens : un jour j'ai donné un euro à un gamin.
– C'est tout
– Euh, oui, c'est tout...
– Eh bien, mon fils, tiens, voilà un euro cinquante, prends-les et va te faire voir en enfer. »

Un habitant du nord de l'Allemagne voulut échapper quelque temps à la grisaille et aux basses températures de la côte frisonne. C'est pourquoi il s'acheta un séjour d'une semaine sur les îles Canaries. Son épouse ne pouvait pas l'accompagner le jour même, retenue par son métier, mais avait obtenu un petit congé pour le rejoindre dès le lendemain. Sitôt arrivé à destination, dans son hôtel, le mari lui envoya un petit courriel. Malheureusement, une erreur d'une lettre dans l'adresse eut pour effet que c'est une autre personne qui reçut le courriel : la vieille veuve d'un pasteur qui venait de mourir la veille. Dès que la pauvre femme eut pris connaissance du courriel, elle poussa un cri strident et tomba sans connaissance sur le sol. Car elle avait lu ce qui suit :

« Ma chérie ! Je viens tout juste de me faire enregistrer.
Tout est fin prêt pour ton arrivée demain.
Ton époux chéri qui se languit de toi.
P.-S. : Il fait vraiment chaud par ici... »

*Les voici, trois grands chefs d'orchestres allemands :
Karajan, Furtwängler et Böhm, assis tous les trois sur un nuage, et qui tuent le temps comme ils peuvent.
« Ah, Messieurs, déclare Furtwängler, une chose au moins est sûre, à savoir que je suis le meilleur chef !
- Minute, lance Böhm. Un instant, je vous prie !*

Hier, Dieu en personne m'est apparu, et il me l'a dit de la manière la plus catégorique et la plus incontestable qui soit :
"C'est toi, le plus grand chef de tous les temps!"
Alors Herbert von Karajan :
- Plait-il ? Qu'est-ce que je suis censé avoir dit ? »

Un altiste se présente à la porte du Ciel.
Juste avant lui, il y a un curé de paroisse, et celui-ci se voit refuser l'entrée par saint Pierre, alors que le joueur d'alto est accueilli à bras ouverts. Cela met bien entendu le prêtre en colère, qui crie à l'arbitraire et à l'injustice :
« Quand je pense à toutes ces heures que j'ai passées au service de tant de paroissiens, leur prêchant la Bonne Parole, alors que ce violoneux n'a sans doute jamais mis les pieds dans une église et a dû faire bien des fausses notes durant tous les concerts de sa vie !....
- Tout doux, lui répond saint Pierre. Car quand tu faisais tes interminables sermons, ça roupillait ferme dans ton église, alors que lui, l'altiste, quand il exécutait son solo, t'aurais vu combien tout l'orchestre priait comme un seul homme ! »

L'heure du Jugement Dernier a sonné.
Parmi la foule innombrable des ressuscités ils sont cent hommes à se présenter devant st Pierre avant l'énoncé final.
Pierre les regarde droit dans les yeux et leur déclare solennellement :
« Au moment où vous allez tous comparaître devant Dieu le Père, l'unique Juge, son Fils qui est le Chemin, la Vérité et la Vie, et l'Esprit Saint, force des humbles, sachez oser regarder chacun sa vie terrestre passée dans la plus grande sincérité, confiants dans l'infinie miséricorde divine. Ainsi, je demande à tous ceux d'entre vous qui ont, au moins une fois dans leur vie, commis une infidélité envers leur tendre et chère épouse, de faire sur le champ un pas en avant.
Et sur le champ, tous font un pas en avant... sauf un.

Alors Pierre :
- Hé, vous-là ! Ça vaut aussi pour les sourds ! »

Un ange signale une arrivée à saint Pierre. De fait, un grand type à la très longue barbe arrive, boitillant, fourbu, devant la porte du Ciel.
« Comment vous appelez-vous ? lui demande saint Pierre
– Roland.
– Roland tout court ?
– Ben oui. Jamais entendu parler de mon oncle, Charlemagne ?
– Ah ! C'est vous, le fameux Roland, le héros de Roncevaux ? Dites-donc, rien qu'à voir votre barbe qui traîne presque par terre, vous en avez fait de la route à pieds…
– M'en parlez pas !
– Tout de même, Roland, vous en avez mis du temps à arriver, non ?
– Si vous croyez que c'est facile de marcher avec un cor ! »

BLAGUES

Au Paradis, Dieu et saint Pierre regardent la télé.
Sur la chaîne 1 est diffusé un reportage où l'on voit un mineur qui creuse au fond d'un puits, tout en sueur et épuisé.
« Mais pourquoi toute cette fatigue ? demande Dieu à saint Pierre
- Mais, Seigneur, c'est toi-même qui l'as dit :
"Homme, tu travailleras à la sueur de ton front"…
- Mais ça n'est pas ce que je voulais dire exactement…
je plaisantais… Change de chaîne !
Sur la chaîne deux, un autre documentaire montre une femme en train d'accoucher et qui crie.
- Quelle horreur ! s'exclame Dieu. Qu'est-ce qu'il lui arrive ?
Pourquoi ces cris ?
- Seigneur, c'est toi-même qui l'as dit :

"Femme, tu accoucheras dans la douleur".
- Mais c'était juste une façon de parler... je plaisantais...
Change de chaîne !
Sur la chaîne trois, on voit cette fois une grande assemblée de cardinaux, d'évêques et prélats, tous en habits luxueux et somptueux, avec parements tissés en fil d'or, capes en hermine, pantoufles en velours, bagues avec pierres précieuses etc.
- Et ceux-là, c'est qui ? Qu'est-ce qu'ils sont en train de faire ?
- Mon Dieu, ça serait long à t'expliquer en détail...
Qu'il te suffise de savoir que ce sont des gens qui ont parfaitement compris que tu plaisantais ! »

Saints et Saintes

Véridique

Le même exégète français cité deux fois plus haut avait un jour prêché en exhortant son auditoire à imiter les vertus de patience et d'abnégation de sainte Thérèse de Lisieux, la « petite Thérèse ». À l'issue de la messe, quelqu'un vint le trouver :
« C'est beau, ce que vous nous avez dit, mon Père, à propos de sainte Thérèse et du courage qu'elle a eu jusqu'au bout en affrontant la terrible maladie qui allait l'emporter mais... une chose m'étonne beaucoup : vous avez évoqué la rhino-pharyngite alors que j'avais toujours entendu dire qu'elle était morte de la tuberculose.
- Vous avez tout à fait raison. En fait, en fait... c'est moi qui souffre douloureusement d'une vilaine rhino-pharyngite... »

véridique

Une bonne dame lorraine, native de Domremy, ne cessait de dire à sa famille :
« Nous descendons de Jeanne d'Arc, j'en suis sûre.
– Pas en ligne directe en tout cas...
– Si, si.
– Enfin, lui objectait-on alors, tu sais comme nous qu'on l'appelait la Pucelle ?
Mais elle répondait paisiblement et invariablement :
– Je ne vois pas où est le problème... »

Au cours d'un entretien qu'il eut avec le pape, le chancelier allemand Konrad Adenauer [1876-1967] qui était catholique, aura émis le vœu d'être canonisé, c'est-à-dire déclaré publiquement saint par l'Église.
« Mais vous êtes encore en vie ! On ne déclare saint que des personnes mortes.
- Votre Sainteté ne peut pas ignorer que, opposant notoire à la dictature nazie, je fus alors comme mort. Disons même : quasi-mort.
- Eh bien, en ce cas, je vais vous quasi-canoniser. »

Il existe à Rome, au Vatican, un service chargé de recevoir, instruire et traiter les sollicitations pour qu'un chrétien soit officiellement déclaré saint, on dit alors « canonisé ».
Parmi les membres de ce service il y avait un religieux spiritain français, le Père Martin, à qui l'on prêtait cette boutade :
« Mourez, je fais le reste... »

MARTYRS

Un rondouillard curé d'Italie du Sud visite le Colisée. On évoque les martyrs livrés aux lions. Tout à coup le prêtre voit arriver vers lui un chat. Il s'émeut et admoneste solennellement l'animal :

« Arrière, lion!

Alors, le matou lui cède le passage en disant :

- Passe, martyr! »

12

Bouquet final

Un peu de tout
par ordre alphabétique

SI VOUS VOULEZ QUE JE VOUS AIDE, IL FAUT QUE VOUS ME DISIEZ TOUT SUR VOUS...
... ALORS, S'IL VOUS PLAIT, COMMENCEZ PAR LE COMMENCEMENT.
EH BIEN, EN CE CAS, ALLONS-Y ... AU COMMENCEMENT ...
... EH BIEN AU COMMENCEMENT, J'AI CRÉÉ LE CIEL ET LA TERRE ...
GUÉZOU

Avis municipal

Véridique

« Les individus ayant déposé des étrons
dans le bénitier de l'église sont avertis
qu'ils risquent des poursuites pénales
pour entrave à la liberté du culte. »

Baisers

Un jeune vicaire rend un soir une visite à une famille.
À un certain moment entre la petite fille des paroissiens,
qui a quatre ans, pour dire « Bonne nuit », et elle embrasse
tous les membres présents de la famille.
Elle se présente enfin au vicaire, qui est embarrassé
sur la conduite à tenir. Tout gêné, il bredouille :
- Pas maintenant, mon enfant, mais... plus tard,
quand tu seras grande...

Celebret

Un soir dans un presbytère de campagne, on sonne à la porte. Un homme se présente : il est prêtre catholique, en voyage. Sa voiture est tombée en panne. Peut-on l'héberger pour la nuit ?
« Mais bien sûr, déclare le curé. Entrez donc !
– Puis-je célébrer la messe dans votre église demain matin ? J'ai sur moi mon *celebret* (c'est le document signé de l'évêque qui atteste que son porteur est prêtre de l'Église catholique), tenez…
Et il met la main dans la poche intérieure de son manteau.
– Je vous en prie, n'en faites rien, cher confrère ! Venez plutôt dans le salon. Que diriez-vous d'un petit verre d'eau-de-vie maison ?
– Merci bien mais je ne bois pas.

– Ah bon ?.... Vous ne refuserez pas du moins un de ces excellents cigares ?
– Désolé, mais je ne fume pas.
– Ah ?.... Le curé est passablement refroidi. Mais, dites-moi, dans un petit quart d'heure, le médecin et le notaire viennent pour une belote. Vous en êtes ?
– Excusez-moi, mais je ne joue pas aux cartes.
– Vraiment ?.... Au fait, montrez-le moi donc un peu, votre celebret ? »

Charité

C'était en Allemagne, juste après la débâcle de la défaite, au printemps 1945, qui avait dispersé de très nombreuses familles. Aussi, dans une paroisse, le curé sollicita en chaire des paroissiens qui accepteraient d'accueillir chez eux, pour un certain temps, des enfants séparés de leurs parents. Il suffisait de se signaler après la messe à la sacristie. Juste avant la bénédiction finale, le prêtre croit bon de rappeler son annonce :
- Donc, comme je disais : les femmes qui veulent avoir un enfant viennent maintenant à la sacristie mais, s'il vous plaît, seulement dans cinq minutes, le temps que je me déshabille...

Circoncision

« Dites-moi, Monsieur le rabbin, comment se fait-il que, dans sa sainte Providence, le Dieu que vous adorez ne vous a pas évité la souffrance d'une circoncision en vous faisant naître déjà circoncis ?
Le rabbin rit de bon cœur... sans apporter de réponse à son interlocuteur. Mais il contre-attaque bien vite.

– À mon tour, Monsieur l'abbé. Dites-moi un peu : alors que vous avez choisi de ne pas vous marier et de ne pas fonder une famille, le Dieu que vous adorez ne vous a pourtant pas fait naître sans... sans... vous voyez ce que je veux dire ? »

Confusions de sens

« M. le curé, lance une paroissienne aussitôt après la messe, vous avez bien fait de parler en chaire de l'union hypostatique[1] car y en a plusieurs dans le village ! »

Croix pectorale

Véridique

La scène s'est passée en France un an après la mort du chanteur Johnny Halliday. Une jeune femme croise un jour un évêque et, apercevant la croix pectorale qu'il porte sur le devant de son veston, s'exclame, ravie :
– Oh, Monsieur, vous êtes un fan de Johnny !

Devinettes

Quelle est la ville de France dont on entend le nom plein de fois dans la Bible [plus précisément dans l'Ancien Testament] ?
Réponse : Le Mans, dans l'expression « éternel... Le Mans » !

1. L'union hypostatique désigne en réalité, dans le « credo » de la foi chrétienne, l'union dans la personne de Jésus Christ de la nature humaine et de la nature divine.

Qu'est-ce qui est rouge, de grande dimension
et orné de quinze paires de glands ?
Réponse : le chapeau des cardinaux.

DISTINGUO

Au séminaire il y a un étudiant
qui est imbattable aux joutes intellectuelles.
Un autre cherche à le battre
et lui lance cette « colle » :
A-t-on le droit de baptiser avec de la soupe ?
Riposte immédiate :
« Distinguo !
S'il s'agit de la soupe du séminaire,
la réponse est : oui. »

ÉGLISES

M. le doyen se rend dans l'église de Krumpholz.
L'église est fermée et pas de curé en vue.
Au cimetière qui jouxte l'église il trouve une vieille mamie.
Il lui demande pourquoi l'église est fermée.
Elle lui répond :
« À cause d'un accident mortel.
Bouleversé, le doyen demande :
- Votre curé est donc mort ?
- Lui non, mais le dernier participant
à la messe de semaine. »

Véridique

C'est très rare, mais il peut arriver qu'un diocèse doive vendre une église ou une chapelle à un acheteur qui ne compte pas laisser au bâtiment une fonction cultuelle. En ce cas, l'évêque prononce par écrit ce qu'on nomme la désaffectation du lieu. Mais le bon peuple ne comprend guère ce mot compliqué et il est arrivé qu'on entende dire : « L'évêque a désinfecté l'église »...

Affiché à la porte de la cathédrale
d'une ville en bord de mer :
« Chers touristes visiteurs,
soyez tous les bienvenus.
M. le Curé tient toutefois à vous informer
que ce sanctuaire n'est pas équipé
pour la baignade ou toute autre activité nautique.
C'est pourquoi il est tout à fait inutile
de circuler dans la cathédrale
en maillot de bain. »

ENFANTS DE CHOEUR
(ON DIT AUSSI : SERVANT/ES À L'AUTEL)

Véridique

M. le Curé arrive dans la sacristie,
la mine soucieuse :
«Pas d'organiste arrivé?
Au fait, qui donc joue aujourd'hui?
Alex (servant) :
- P.S.G. contre l'O.M.»

Véridique

«Dites-moi un peu,
demande M. le Curé aux servants :
comment ça se fait que les corbeilles de la quête
circulent seulement à partir de l'offertoire?
- P't êt'bien, avance Marianne,
parce que beaucoup de gens
n'arrivent à l'église qu'après votre sermon...»

Véridique

M. le curé aux servants :
«Nous devons aimer la création.
Ainsi, par exemple,
avez-vous un animal favori?
- Oui, moi, s'écrie Remi :
le poulet rôti!»

Vers la fin de l'année scolaire,
M. le Curé interpelle Kevin :
«J'en apprends de belles sur toi!
Tu es le dernier de toute ta classe.
Ce n'est vraiment pas ce que je suis en droit
d'attendre d'un de mes servants!
- Vous savez, ça pourrait être pire encore
car dans ma classe de CM2
nous ne sommes que 29
alors que, dans l'autre, ils sont 36!

Une petite fille
déclare à sa mère :
- Plus tard, je veux épouser M. le curé.
- Mais, ma chérie, comme tu le sais,
les prêtres ne se marient pas.
- Ah bon? Mais alors, les enfants de chœurs,
ils viennent d'où?

FIORETTO DE MÈRE TERESA DE CALCUTTA (DÉCLARÉE SAINTE EN 2016)

« Alors, ça, pour un million de dollars je ne le ferais jamais ! déclara, sidéré, un journaliste américain en recevant Mère Teresa et en l'écoutant raconter comment elle soignait les blessures puantes et répugnantes d'un pauvre hère.
- Moi non plus. Pour un million de dollars, je ne le ferais pas, mais pour l'amour de Dieu, pour l'amour de cet homme, oui. »

(LOURDES) GAFFES PASTORALES

Avec l'âge la surdité gagne les prêtres
autant que tous les autres humains,
redoublée par l'inattention de certains.
Les effets peuvent se révéler désastreux.
- Oh, M. le curé, si vous saviez !
Figurez-vous que ma fille vient de passer
trois mois dans le coma.
- Ah ! Ah ! Et elle a eu beau temps, j'espère ?

Guerre (8 mai, 11 novembre...)

Grande envolée entendue lors d'un sermon prononcé un onze novembre pendant la messe de commémoration en présence des Anciens Combattants et de leurs porte-drapeaux :
– Non, ne les oublions jamais, jamais, tous ceux qui sont morts à la guerre, et rappelons-nous bien que ceux-là y ont perdu leur santé, et souvent leur vie !

Journalistes

coquilles

« Au-dessus du maître d'autel, un triptyque figure le martyre de sainte Blédine, cette jeune fille qui fut jetée en peinture à un taureau. »

« Rappel : conférence, le retour du Christ, samedi à 15 heures précises. »

« À la fin de la messe, l'archevêque de Lyon répandit sur la foule humaine sa majestueuse bénédiction de primate des Gaules. »

« On peut encore admirer dans la chapelle Sixteen ce chef-d'œuvre de peinture si moderne de Mickey l'Ange. »

« Les servants d'hôtel du diocèse ont fait le plein hier à la cathédrale. »

« La petite Thérèse de Lisieux a alors décidé de marcher sans peur sur les traces de sa grande sœur, sainte Thérèse d'Attila[2]. »

2. Pour « d'Avila

« L'intransigeance de la hiérarchie sur le célibat [des prêtres] paralyse la créativité. »

« Sortant de l'église à la fin de la messe, le long cortège des fidèles, lentement, s'écroula. »

pertes

« À aucun moment le Christ n'a baissé les bras. » [*Le Paroissien de Lamballe*]

« Plus tard, il [sc. L'artiste Goudji] réalisera un évangéliaire et, surtout, le majestueux Christ en croix qui flotte sur le chœur de la cathédrale du Mans depuis octobre 2013. » [*Ouest-France*]

« L'église étant en travaux, ses obsèques ont été célébrées à la salle des fêtes » [*Midi Libre*]

« Cette future morgue se situera à gauche de l'église, dans l'ancien cimetière, d'où l'on a une vue magnifique sur la localité. » [*Le Républicain Lorrain*]

« Les mosquées sont très nombreuses car les musulmans sont très chrétiens. » [*Le Dauphiné*]

LUNETTES

- Alors, M. le Curé?
Comment vous sentez-vous avec ces nouveaux verres de lunettes? interroge l'opticien.
- Du tonnerre de Dieu! Voilà que je rencontre une foule de connaissances que je n'avais plus vues depuis des années.

Main

Complainte d'un paroissien :
- J'étais toujours fier que mon curé m'ait dit et répété
que j'étais sa main droite.
Mais voilà tout juste que je m'aperçois
qu'il est gaucher.
Alors...

Maîtresses

Véridique

Un curé de paroisse du diocèse du Mans avait bien du souci. En ce temps-là, il incombait aux paroisses d'assurer les ressources de deux sortes de chrétiens engagés au service de l'Église locale : les « aides au prêtre », qu'on appelait plus couramment les « gouvernantes » de M. le curé et les directeurs ou directrices de l'école catholique de la commune. Or il n'y arrivait qu'à grand-peine, la paroisse étant bien pauvre. Aussi lança-t-il un jour en fin de messe un vibrant appel aux dons, avec ce cri du cœur : « N'oubliez jamais que j'ai deux maîtresses à entretenir ! »

Papier (toilette)

Véridique

Un jour, au séminaire [maison internat de discernement et formation des futurs prêtres] de l'Institut Catholique de Paris, dit « séminaire des Carmes », un séminariste, entrant dans la loge de la porterie, où une religieuse assurait son service d'accueil et de standardiste [c'était encore l'époque où le téléphone portable n'existait pas encore et où les habitants de la maison

devaient se déplacer dans leur couloir pour y recevoir des communications téléphoniques], aperçut une énorme pile de rouleaux de papier WC et s'extasia devant leur quantité.

- Dame, expliqua la religieuse, il n'y en avait presque plus. C'est qu'on commençait à tirer la langue !

Pastorale (coopération)

Véridique

Entendu lors d'une réunion diocésaine de curés :
« Dans notre paroisse, tout va bien :
le prêtre et la religieuse fonctionnent
très bien ensemble. »

Perroquets

Pas mal d'histoires circulent sur les perroquets et les curés de paroisses. Pourquoi donc ? On pourra bien faire des comparaisons désobligeantes sur les capacités oratoires des uns et des autres ou une commune propension à répéter toujours le même disque... Toujours est-il que, par le passé, des curés ont rapporté de voyage lointain ou se sont vus offrir des perroquets qui égayaient leur solitude ou leur servaient d'auditeurs toujours bienveillants pendant la préparation de leurs sermons !

M. le curé s'est vu offrir par un copain missionnaire qui venait de barouder au Brésil un superbe ara en pleine forme, le plumage multicolore, l'œil vif... et la langue bien pendue ! Comme l'oiseau est jeune, il lui assigne d'emblée une fonction liturgique : en ce temps maintenant révolu où l'Église imposait aux deux sexes une stricte séparation des places dans les églises, Coco [tel est le nom original qu'a reçu

le perroquet] reçoit la mission, chaque dimanche matin,
sur un perchoir placé en haut de la nef, juste au milieu, d'accueillir les
fidèles par un tonitruant :
- Les hommes d'un côté, les femmes de l'autrrre!
Et Coco, ma foi, apprend vite son texte, joue efficacement son rôle
et devient même l'attraction de la contrée, attirant les foules
au grand dépit des curés des environs!
Mais Coco a un vilain défaut, qui s'appelle l'orgueil... En récompense
de ses performances professionnelles, M. le curé l'installe
chaque après-midi dans le jardin, pas loin du poulailler du voisin.
Or Coco en profite pour jouer un grand numéro devant les poules,
que sa seule vue déjà terrorise. Le voisin, constatant que la production
d'œufs a baissé depuis l'arrivée du perroquet, se plaint auprès du prêtre.
Celui-ci gronde sévèrement Coco et, devant le voisin, menace :
- Coco, si tu recommences à battre des ailes et à crier après les poules,
eh bien [et il mime la scène] je te coupe les plumes du crâne. Compris?
L'oiseau se le tient pour dit et ne bouge plus même le bec. Mais les poules
en profitent pour venir le narguer et le provoquer jour après jour.
Trop, c'est trop : Coco finit par craquer, lance son cri de guerre...
et une poule qui avait le cœur fragile passe aussitôt de vie à trépas!
Quand il constate la chose, le fermier décroche son fusil
et fonce chez M. le curé :
- J'vas vous l'abattre, vot'volaille!
- Oh non! Vous n'en ferez rien, mon fils! Car Dieu a dit :
« Tu ne tueras pas »... Mais je vais appliquer la punition
dont je l'avais menacé.
Et illico il rase notre pauvre Coco... tout en lui disant :
- Et qu'à cela ne tienne : tu n'en continueras pas moins ton travail
si tu veux gagner ta graine!
Ainsi, le dimanche suivant, c'est un Coco bien piteux, tout « dépanaché »,
qui accueille les fidèles, mais avec une voix geignarde :
- Les hommes d'un côté, les femmes de l'autre...
Les paroissiens entrent dans les églises
et prennent peu à peu leurs places.
- Les hommes d'un côté, les femmes de l'autre...

Se présentent alors sur le seuil trois grands messieurs, qui ôtent leur chapeau, découvrant l'un et l'autre un crâne plus luisant que la tonsure d'un capucin.
Quand Coco les aperçoit s'avançant dans la nef, son œil se rallume soudain, sa voix se raffermit et il lance à pleins poumons :
-... et les trrrois voleurrrs de poules avec moi sur l'estrrrade !

Une femme va trouver le curé de sa paroisse et lui confie :
- Monsieur le curé, je suis bien embêtée. J'ai deux perroquets femelles qu'on m'a donnés tout récemment. Or tout ce qu'elles savent dire comme parole, c'est ... oh ! Ça me gêne bien de vous le dire, à vous...
- Ne soyez pas gênée, je vous en prie.
- Eh bien alors, je me lance. Elles n'arrêtent pas de dire ensemble : « Nous sommes des p.... Tu viens, chéri ? »
- Quelles vilaines paroles ! dit Monsieur le curé.
- Pensez donc ! Alors, je me suis dit que vous avez sûrement des pouvoirs spéciaux pour m'aider... Mes perroquettes m'ont tout l'air possédées par le démon. Pourriez-vous pratiquer un exorcisme sur elles ?
- J'ai mieux encore à vous proposer, ça tombe bien pour vous. Figurez-vous que, de mon côté, j'ai hérité de deux perroquets mâles que m'a légué un vieux missionnaire, et eux ont été élevés très chrétiennement. Ils sont même habitués à dire le rosaire. Apportez-moi demain vos deux perroquettes, Mes deux vieux gars vont peut-être réussir à les convertir de leurs mauvaises manières.
Sitôt dit, sitôt fait. La paroissienne apporte ses perroquets femelles au presbytère et y voit les deux perroquets mâles, tous les deux en prière, chacun avec un chapelet autour des pattes. Elle introduit alors les perroquettes dans la cage et, au bout de quelques minutes, celles-ci lancent à haute voix :
« Nous sommes des p... Tu viens, chéri ? »
Il y a alors un silence de quelques secondes, puis un des perroquets, comme en état de choc, lâche à son copain :
- Range ton chapelet, Paulo : nos prières sont enfin exaucées !

Un cambrioleur s'est introduit dans le presbytère.
Alors qu'il est en train d'inspecter le bureau, il entend soudain :
« Jésus et moi, on te voit !
Effrayé sur le coup, il se reprend cependant vite et allume la pièce.
C'est alors qu'il aperçoit un perroquet perché dans une cage.
- C'est toi qui m'as parlé ?
- Oui.
- Comment t'appelles-tu ?
- Marie-Madeleine.
- Quel nom de chiottes pour un perroquet !
- Jésus aussi est un nom de chiottes pour un rottweiler ! »

Pieds

Annoncé par un célèbre journaliste
sur les ondes d'une radio française,
peu avant Pâques 2013 :
« Aujourd'hui, Jeudi Saint,
le pape François se rend
dans une prison de Rome
pour pratiquer le lavage des pieds
à quelques jeunes prisonniers. »

Pigeons

Trois prêtres amis discutent entre eux des joies et des peines de leur ministère. La conversation aborde le sujet si sensible de l'entretien des églises et, inévitablement, des nuisances causées par les pigeons. « Franchement, je vous avouerai que je suis de plus en plus découragé, confie l'un d'eux. Les maires promettent d'examiner le problème mais, si du moins ils arrivent à faire grillager l'accès de ces volatiles à l'intérieur des clochers, les pigeons n'en continuent pas moins à coloniser les toitures, les rebords de fenêtres, et à lâcher

leur fiente sur les parvis. Je m'en suis pris moi-même à une sortie de messe...
– Il faut reconnaître que nous disposons de peu de solutions vraiment efficaces. J'ai essayé les pièges, le dépôt de graines contenant un contraceptif, je me suis même risqué au tir à la carabine, mais difficile de faire ça discrètement ! Quelques communes ont loué les services de fauconniers, mais ça leur coûte bonbon et, quand les rapaces sont partis, les pigeons finissent par revenir ! C'est vraiment la plaie...
– Eh bien, moi, figurez-vous que j'ai trouvé le moyen radical de les éliminer de l'église et de ses parages !
– Comment ça ?! s'extasient les deux autres. Raconte !
– Oh, c'est très simple et ça coûte presque rien. Eh bien voilà. Quand je les vois tous rassemblés, je commence par les baptiser. Tous, collectivement : je fais ça au tuyau d'arrosage. La semaine suivante, en les appâtant avec du bon grain de blé, je leur fais faire la communion et... croyez-moi : le dimanche suivant, il n'y en plus un qui revient ! »

Pratiquants

La rengaine est bien connue :
« Moi, oh oui, je suis croyant, mais... pas pratiquant. »
À force de l'entendre seriner à ses oreilles, un prêtre lança un jour à quelqu'un qui la lui servait comme en s'en glorifiant :
- Ah oui ? Eh bien, c'est tout à fait comme moi !
- Comment ça ?
- Oui, oui. Figurez-vous que je suis nudiste....
- ?!
-... mais pas pratiquant ! »

Prison

« Pourquoi au juste êtes-vous ici ?
demande à un détenu l'aumônier de la prison.
- À cause de ma foi !
- Quoi ? Vous plaisantez !
- Pas du tout, c'est la stricte vérité.
Je croyais fermement que le système d'alarme était H.S. ! »

Pub

De Francis BLANCHE :
« Vicaires, curés de campagne,
coadjuteurs : pour vos déplacements
dans les paroisses,
n'utilisez que le cycle Amen,
modèle agréé par le Vatican. »

Radar

Sur l'autoroute, un prêtre roulant à toute vitesse
se fait prendre par le radar d'un hélicoptère de la gendarmerie.
Un gendarme de la route l'intercepte au péage
et commence à lui dresser une contravention.
« Comment avez-vous su que j'allais à plus de 150 km/h ?
demande le prêtre énervé
Sans quitter des yeux le papier de contravention,
le gendarme pointe un doigt vers le ciel.
- Ça m'étonnerait : LUI ne m'aurait jamais dénoncé ! »

SEXE

M. le Curé a, comme d'ordinaire, rédigé consciencieusement son homélie du dimanche qui vient, à la main, et, pour être sûr de ne pas l'oublier, dépose le texte, qui tient en trois pages, une demi-heure avant le début de la messe sur l'ambon, le pupitre de proclamation de la Parole de Dieu.
Mais un gamin facétieux, peut-être lassé de la mauvaise qualité des sermons, passe ensuite et subtilise la dernière page, curieux d'avance de voir comment le prédicateur s'en sortira.
Parvenu à la fin de la deuxième feuille, celui-ci lit tout haut :
« Et Adam dit à Ève... »
...et va pour prendre la dernière feuille, mais rien !
Il n'y en pas. Machinalement et fébrilement, il répète :
« Et Adam dit à Ève... »
... tout en continuant à chercher. Enfin, à mi-voix, mais assez fort, à cause du micro, pour que les premiers bancs entendent, il lâche tout honteux :
« Il manque une feuille ! »

Perle d'annonce paroissiale :
« Enfants de chœur : le service de l'autel est ouvert aux garçons et aux filles des deux sexes. »

Deux évêques, un allemand et un français, se promènent dans la ville de Rome et croisent une ravissante Italienne.
« Schön ! s'exclame le prélat allemand.
- ... Et abstinence, tempère le Français. »
[jeu de mots avec « jeûne et abstinence »]

Avant de rédiger son encyclique *Humanae Vitae*, qui prenait position contre presque toutes les méthodes contraceptives, la Pilule surtout, le pape Paul VI consulta des autorités religieuses. On raconte qu'une délibération entre des cardinaux fut si longue qu'un très très vieux cardinal finit par s'endormir. Jusqu'au moment où le pape demanda l'avis personnel de chacun. Un de ses confrères dut alors réveiller son voisin. Ce dernier sursauta, se fit expliquer les choses puis bredouilla :
« Je ne suis pas sûr d'avoir tout bien compris au sujet de cette fameuse pilule. On doit la prendre avant ou après la communion ? »

Statistiques

Attention aux voyages en voiture : 20 % d'accidents mortels
Attention aux voyages en train ou en avion : 16 % des accidents
Il est dangereux de rester chez soi : 17 % des accidents y ont lieu
Attention aux piétons : 16 % des accidents. Mais seulement 0, 001 % de tous les accidents se produisent dans une église… alors n'hésitez pas à venir à la messe !

Technique

Aux temps anciens, dans la giboyeuse Bavière, un jeune prêtre qui avait grandi en ville vient d'être nommé vicaire dans une paroisse qui compte une vaste forêt. Lors de sa première séance de confession, il entend un paysan avouer qu'il a braconné et tiré un chevreuil.
« Un instant, je vous prie, demande au pénitent le jeune prêtre très embarrassé quant à la pénitence à donner.
Et il quitte son confessionnal pour celui de M. le Curé, libre pour le moment.
- Voilà la faute que ce paroissien vient d'avouer. Quel est le tarif habituel dans ce cas ?
- Pas plus de 5 Marks par kilo de viande. Je n'accepte jamais de payer davantage ! »

Sainte Vierge

Dans un guide touristique ferroviaire signalant le grand nombre de statues mariales érigées dans les villages auvergnats : « Que de Vierges, que de Vierges ! Pour faire leurs dévotions, Messieurs les voyageurs n'ont qu'à mettre le nez à la portière. »
Jean Ajalbert, L'Auvergne, p. 121.

Dans une église, une petite fille était tombée en arrêt devant une statue de la Vierge et ne cessait de la contempler avec tendresse. Intrigué, M. le curé s'approche et lui demande :
«Qu'est-ce que tu aimerais être plus tard?
- Je voudrais être une vierge!
- Pourquoi ça?
- Ben, pour avoir un enfant comme Jésus, moi aussi!»

C'était en la solennité de l'Immaculée Conception de Marie, dans l'église d'un petit village du Midi de la France, comme qui dirait… Cucugnan. Monsieur le curé s'efforçait en s'époumonant de déployer tous ses talents oratoires pour porter son auditoire à la plus haute admiration et vénération de la Sainte Vierge.
« La Sainte Vierge, la Sainte Vierge, comment vous dire ! Une sainteté estraordinaire, éblouissante, c'est sûr ! Pensez don : la Mère de Notre Seigneur, la femme qui a toujours, toujours dit "oui" au Boun Dieu. Quelle foi, quelle charité, quelle espérance quasi surnaturelle, oui, vraiment ! Elle est vraiment incomparable. Pourrions-nous seulement la comparer à une autre chrétienne, même parmi les plus grandes ? Je cherche, je cherche… et je ne vois pas, non, qui pourrait soutenir avec elle la moindre comparaison. Ah, si, peut-être, certains qui la connaissent bien comme moi, oseront penser à notre chère paroissienne exemplaire : mademoiselle Lacassagne, notre sacristine si dévouée, notre si bonne âme

au service des povres depuis de si longues années ! Mademoiselle Lacassagne, certes, certes, qui est ici même au pied de cette chaire, dût-elle rougir du compliment, n'est-elle pas un modèle de vertu chrétienne pour nous tous ici présents ? Eh bé, pourtant, voyez-vous, osons, oui, osons le reconnaître, aussi sainte qu'elle soit, mademoiselle Lacassagne ici présente, comparée à la Sainte Vierge, té, peuchère, au fond ça n'est rien qu'une grande putasse ! »

Véridique

**Dans une église parisienne très fréquentée,
le sacristain avait, entre autres missions,
celle de renouveler quotidiennement le stock de cierges
que la dévotion des fidèles leur faisait allumer
devant plusieurs statues de saints, la palme étant ici remportée bien sûr
par Marie, mère de Jésus. Cela allait de pair avec l'évaluation
du taux de remplissage des troncs dans lesquels les fidèles déposaient
l'argent correspondant à l'achat desdits cierges.
Pour solliciter l'intervention des trésoriers dûment nommés
pour relever cet argent, il échappait au sacristain,
en surgissant dans le bureau d'accueil,
de lancer l'appel sommaire :
« La Vierge est pleine ! »**

Véridique

*Un 15 août, solennité de l'Assomption de la Vierge Marie,
à la fin de son sermon, le recteur d'un sanctuaire marial
s'écria avec ferveur :
« Vous irez donc à Marie comme à votre mère
et vous lui direz : "Maman, j'ai besoin !" »*

Véridique

Le sanctuaire de Notre-Dame-du-Chêne, dans le diocèse du Mans, eut aux temps jadis, entre autres responsables (qu'on appelle « recteurs ») un prêtre particulièrement dévot de la Vierge honorée en ces lieux. Dévot et chauvin, ce Monsignore, le P. de La Selle, l'était au point qu'à la fin d'un des pèlerinages annuels sur le site, qui drainaient des foules considérables, se laissant gagner par l'émotion, il lança ce cri du cœur :
« Ici, on vénère la *vraie* Mère de Dieu ! »

Vin... et eau

Un curé bourguignon se vante volontiers d'être capable, les yeux bandés, de reconnaître le cépage, le terroir et le millésime de n'importe quel vin de France. Profitant d'un rassemblement du doyenné, ses confrères se concertent pour le soumettre à l'épreuve, et il accepte. Ils lui bandent les yeux puis lui font goûter une kyrielle de crus variés, mais sans jamais réussir à le prendre en défaut.

« Il est fortiche, le bougre ! s'exclame-t-on, admiratif.
- Attendez un peu, souffle un des prêtres, je vais vous le coincer !
Et il tend au champion un verre d'eau minérale. L'autre renifle, secoue la tête, renifle encore, s'humecte les lèvres, avale une gorgée, secoue de nouveau la tête, goûte encore et finit par avouer :
- Je n'ai jamais rien bu de tout ça.
- Et avec quoi donc te rinces-tu après t'être brossé les dents ?
- Avec quoi ? Tu veux rire : j'ai pour ça un excellent Chablis ! »

« On n'a pas le droit de prêcher "eau" et boire du vin. C'est pourquoi on doit être capable d'accepter de se priver par un sacrifice », déclara M. le curé en débouchant la troisième bouteille de Bordeaux. »

Visites

M. le curé rend visite à une famille
de sa paroisse. Il sonne à la porte de la maison.
Une voix de basse se fait entendre
à l'interphone :
«C'est toi, mon petit ange?
- Euh... pas vraiment, je veux dire :
pas directement.
En tant que M. le curé, j'appartiens plutôt
au management.»

Visites pastorales de l'évêque

« Vous paraissez bouleversé, dit quelqu'un à son curé.
Avez-vous des soucis?
- Et comment, que j'ai des soucis!
Demain, l'évêque fait sa visitation (visite pastorale).
- Visitation? Qu'est-ce que ça veut dire?
- À quelqu'un de fraîchement marié comme je vous
je peux facilement l'expliquer : quand votre beau-père
vient vous voir, c'est une visite;
mais quand c'est votre belle-mère,
alors la visite se transforme en visitation.»

Lors d'une visite pastorale, l'évêque inspecte aussi
la cave du presbytère. Il s'étonne de remarquer une montagne
de bouteilles de vin vides qui ont été entassées là;
«Ça fait tout de même beaucoup de cadavres! dit-il au curé
- Soyez rassuré, Monseigneur, répond-il,
aucune bouteille n'est décédée sans l'assistance d'un prêtre.»

L'évêque s'est rendu en visite pastorale dans un coin de campagne. Entré dans le presbytère, il remarque un gros fer à cheval suspendu au-dessus de la porte. Aussitôt il fronce les sourcils et interroge l'habitant, à savoir le curé de la paroisse :
« Ne me dites pas que vous croyez à de quelconques pouvoirs magiques des fers à cheval ?
- Non, non, Monseigneur, pas le moins du monde !
Qu'est-ce que vous allez penser là ? Je suis seulement convaincu que ça porte bonheur, y compris à ceux qui n'y croient pas ! »

Un évêque du bassin de la Ruhr rend visite aux ouvriers d'une mine de charbons. Après avoir visité la mine, il s'entretient à la cantine avec un groupe de mineurs.
« Alors, Messieurs, dites-moi un peu : que faites-vous le dimanche ?
- Eh ben, tout d'abord, on prend un bon petit-déjeuner peinard...
- Bon. Et après ?
- Après, Monseigneur ? Une grande chope de notre bonne bière d'ici.
- Et après ?
- Le déjeuner, suivi d'une bonne sieste.
- Et après ?
- Le match de foot : tous supporters, bien sûr, de Borussia-Dortmund !
- Et après ?
- Ben, le dîner et une bonne soirée télé : une série "polar"... et bien sûr quelques canettes...
- Ah ! Mais, dites-moi, mes fils, et la messe ? Vous n'allez donc jamais à la messe du dimanche ?
- Euh... C'est que... M. l'évêque, vous voyez, nous, en tant que protestants... »

Visiteurs

Un dimanche matin, ce couple de retraités s'apprête à entamer une belle journée paisible quand Monsieur aperçoit deux personnes qui s'avancent ensemble dans le jardin comme pour aller sonner chez eux.
« Un dimanche matin, deux visiteurs comme ça, ça m'a tout l'air d'air des Témoins de Jéhovah, bougonne le mari. Tu t'en occupes, moi je me réfugie à la cave !
De fait, on sonne à la porte. Madame va ouvrir.
– Bonjour, Madame. Nous venons juste vous apporter beaucoup de lumière et une grande chaleur.
L'épouse se rend alors dans l'entrée de la cave et crie à son mari :
– Tu peux sortir. C'est les gens de l'EDF ! »

Vocations

Un couple va, avec leur jeune fils, consulter un psychologue et lui demande un conseil sur le choix de la future profession du garçon, dont les mauvais résultats scolaires les inquiètent beaucoup.
Le psychologue les reçoit d'abord seuls et leur dit :
« Nous allons faire un test. Je dispose sur cette table trois objets : un billet de banque, un livre et une bouteille de vin.
Si votre fils va vers le billet de banque, cela tend à pronostiquer qu'il fera carrière dans la finance.
S'il va vers le livre, qu'il sera intellectuel et enseignant.
S'il va vers la bouteille de vin, qu'il réussira dans le commerce.
Le garçon entre alors dans la pièce, se voit inviter de choisir parmi les trois objets. Mais sans hésitation il prend tout : l'argent, le livre et le vin.
- Mon Dieu, s'écrient les parents, il sera curé ! »

M. le curé roule à vélo. Or chaque fois qu'il arrive à un feu,
même si celui-ci vient de passer au rouge,
il redevient vert aussitôt. Deux agents le suivent un moment
puis l'arrêtent et lui demandent pourquoi il a tant de chance.
Le prêtre leur répond : « C'est que Dieu est toujours avec moi. »
Alors un des agents sort son carnet et dit :
« Deux sur un vélo ! Contravention. »

Dans un village un peu perdu, un jeune gars s'apprête à entrer dans l'église. Sur le parvis, M. le curé accueille ses ouailles en serrant les mains. À la vue du garçon, il lui dit avec énergie :
« Rejoins l'armée de Jésus, mon fils ! Nous avons besoin de toi.
Alors le gars lui répond :
- Mais je suis déjà dans l'armée de Jésus, mon Père !
- Alors comment ça se fait que je ne te vois qu'aux messes de Noël et de Pâques ?
Le gars lui glisse à l'oreille :
- C'est parce que je suis dans les services secrets... »

Véridique

Le curé d'une paroisse rurale comptant de nombreux clochers venait d'expliquer au garde-champêtre que s'il était seul au service d'un si vaste territoire, c'était par manque de prêtres dans les campagnes. L'autre alors de répliquer du tac au tac :
« C'est pas juste ! I devraient n'en mett'plus ! »

Un jeune homme se rend dans un couvent de dominicains avec le désir d'y être admis. On le fait entrer dans une antichambre luxueusement meublée et décorée. Par les fenêtres il peut voir dans la cour intérieure des automobiles de grandes marques et de grande cylindrée. Il attend d'être reçu.

Enfin entre un Dominicain qui, voyant le jeune homme tout sourire dehors, s'adresse ainsi à lui.
« Bonjour ! Dites-moi, tout d'abord, pourquoi étiez-vous tout souriant ainsi juste avant que j'entre ?
– Ah ! Ah ! C'est que, en voyant cette superbe maison et ces superbes bagnoles, je me suis dit que si c'est ça, le vœu de pauvreté, ça vaut la peine d'essayer celui de chasteté ! »

«Quand j'étais en pèlerinage à Lourdes,
j'ai bien prié pour que, si le Bon Dieu t'appelle,
tu deviennes un bon prêtre, dit à son retour
une maman à son fils de 6 ans.
Le petit garçon rougit d'abord,
puis se renfrogne.
- Mais j'veux pas être prêtre,
bougonne-t-il. J'veux être pape!»

Table

Achevé d'imprimer par ISI Print,
en septembre 2019
N° d'imprimeur : 147584

Dépôt légal : octobre 2019

Imprimé en France